Questo Libro

Appartient à

CRANIO LIBRO DA COLORARE

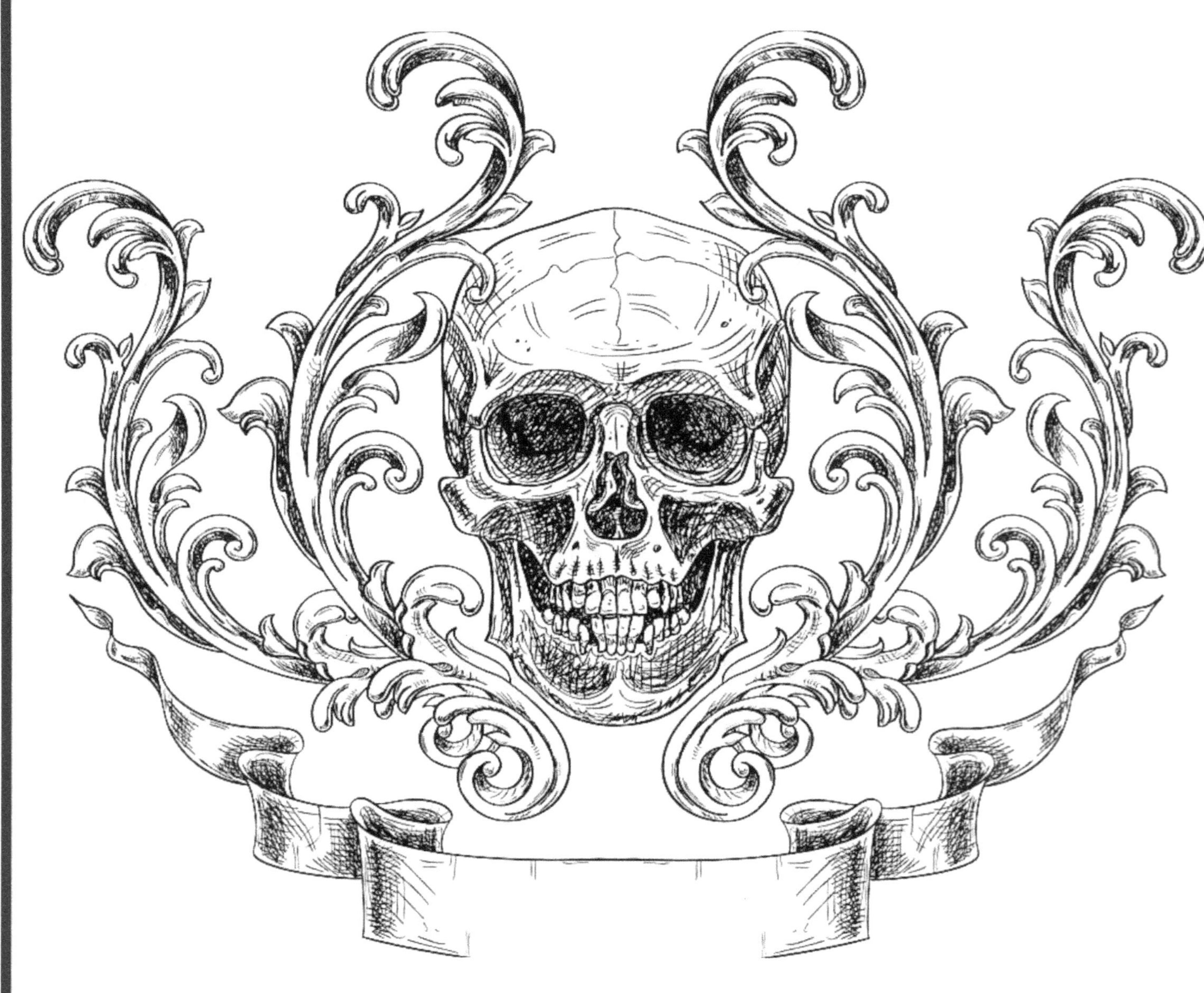

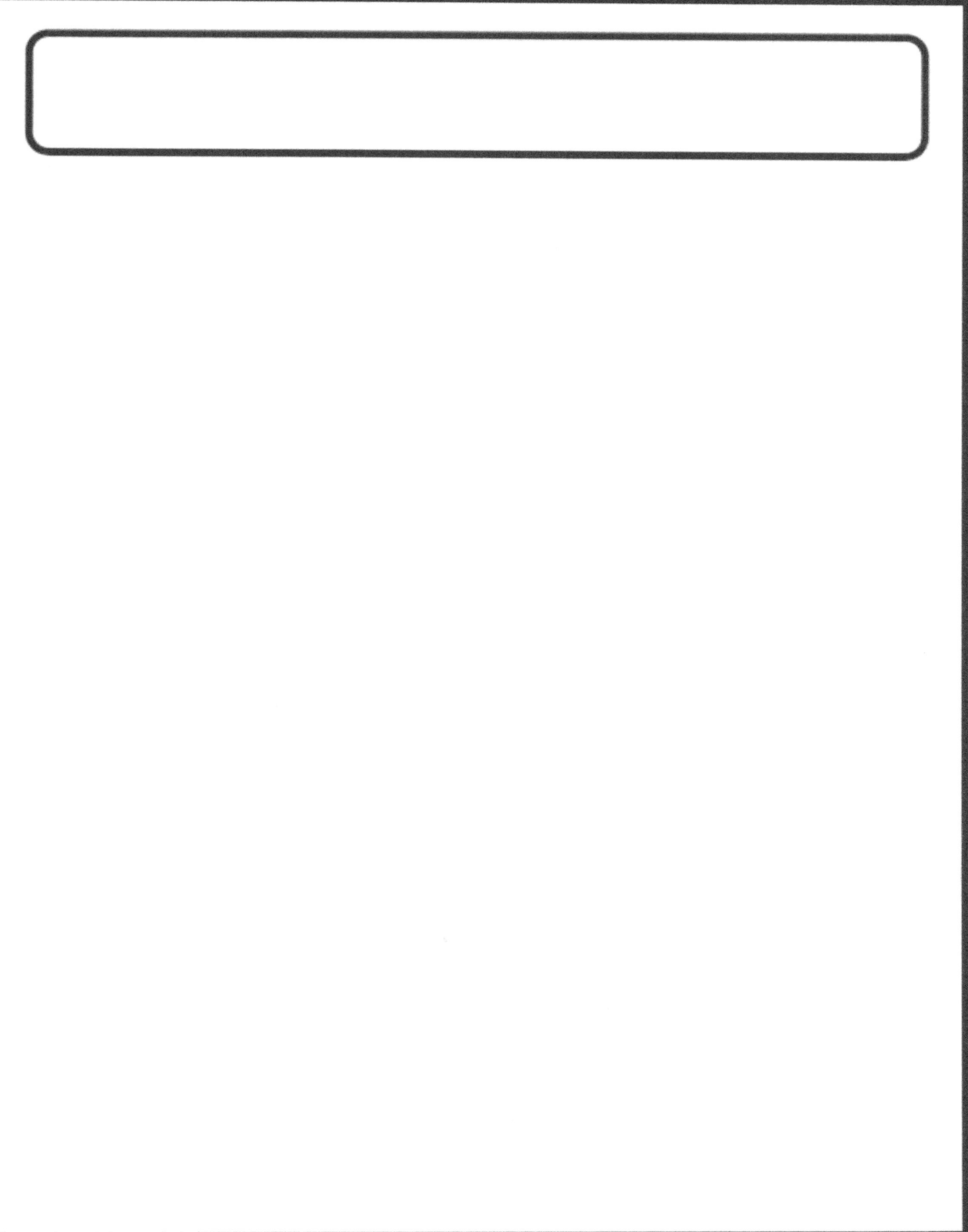

CRANIO LIBRO DA COLORARE

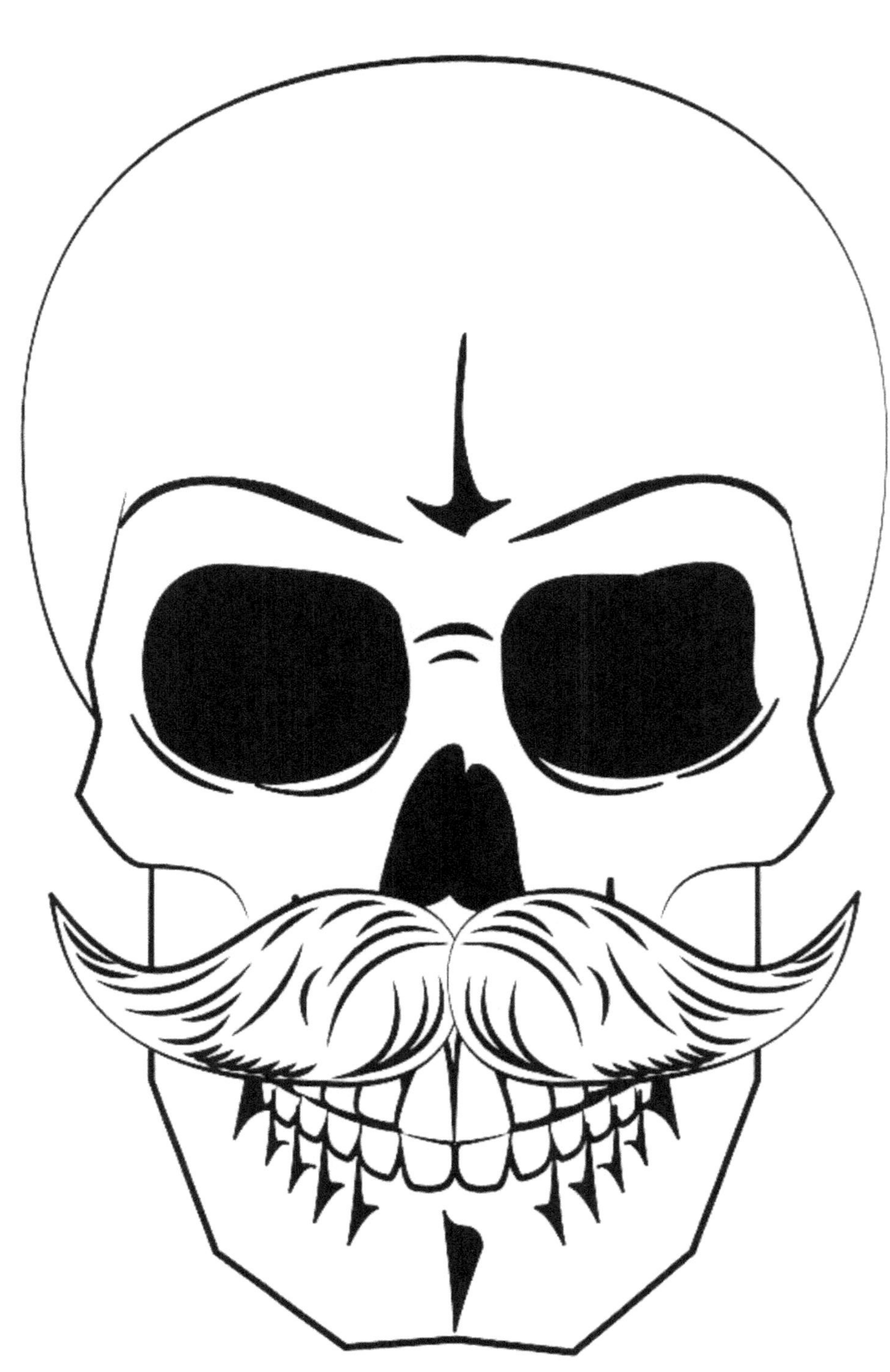

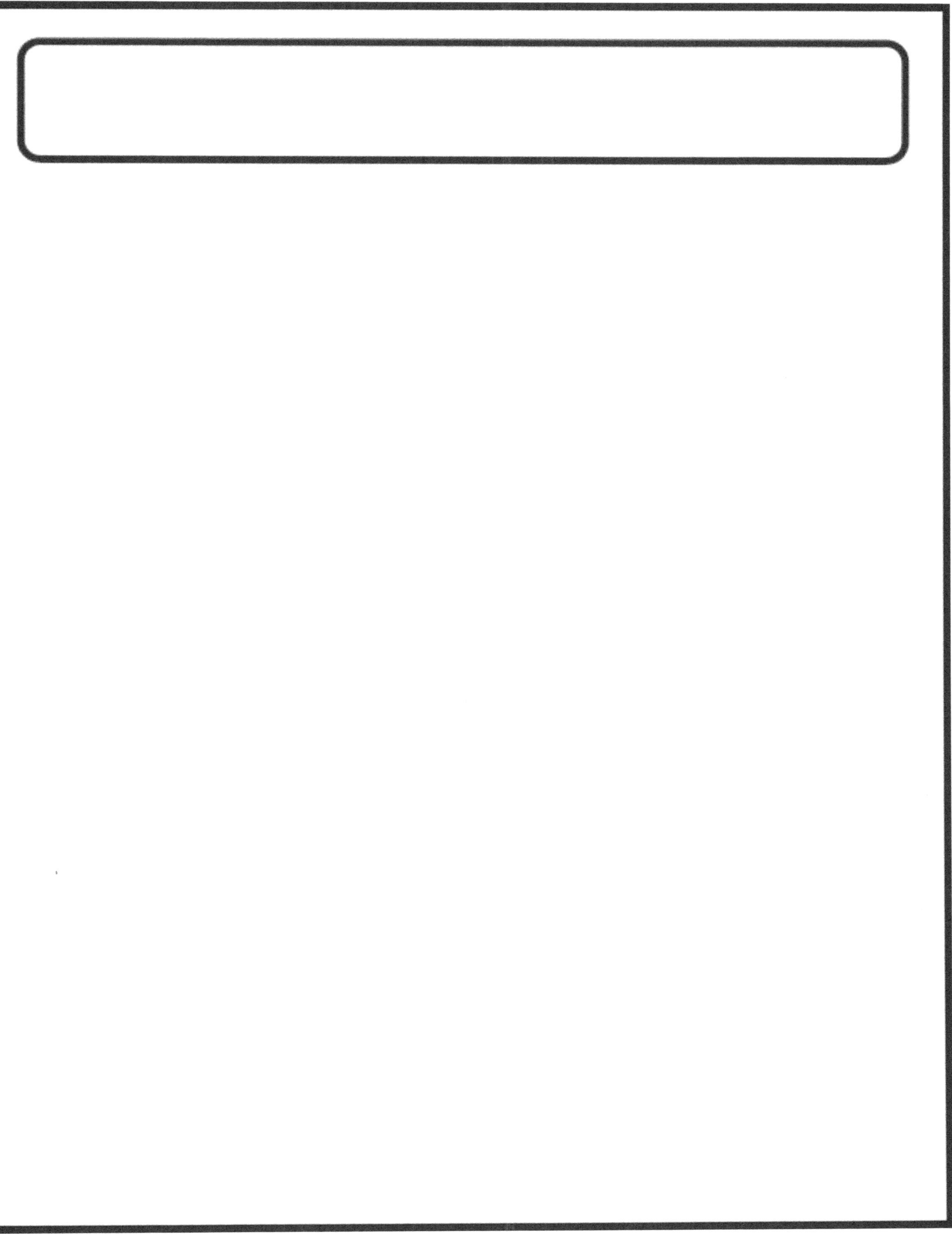

CRANIO LIBRO DA COLORARE

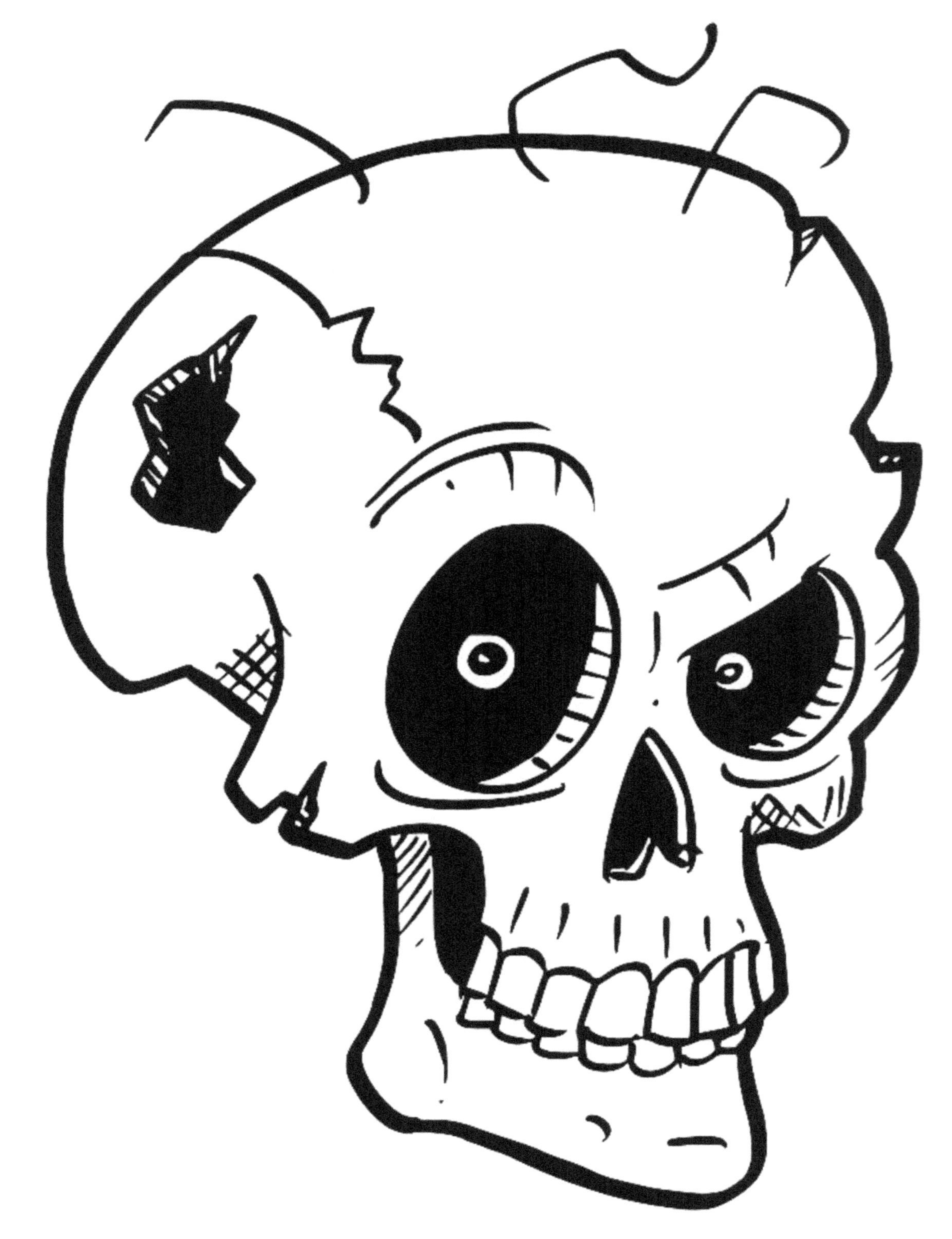

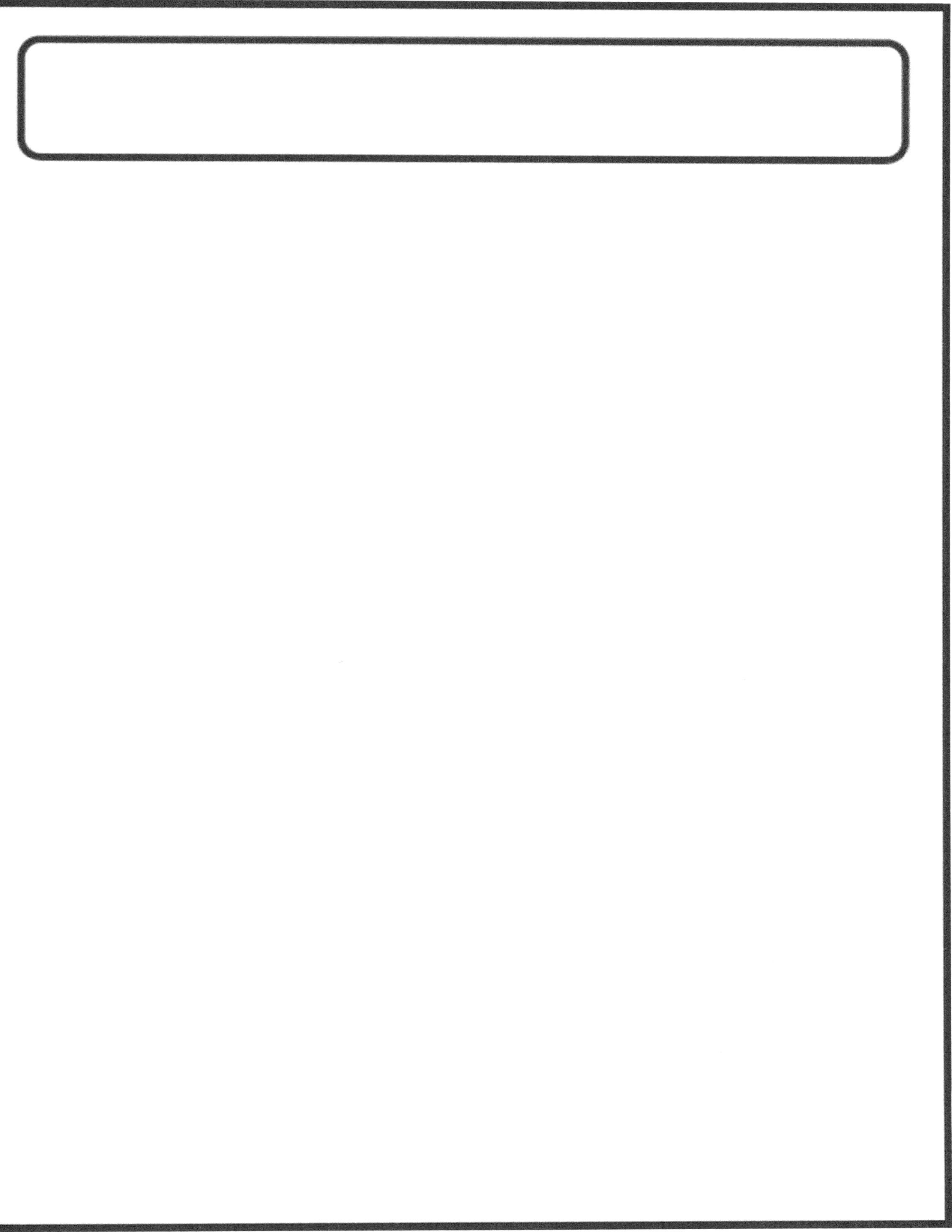

CRANIO LIBRO DA COLORARE

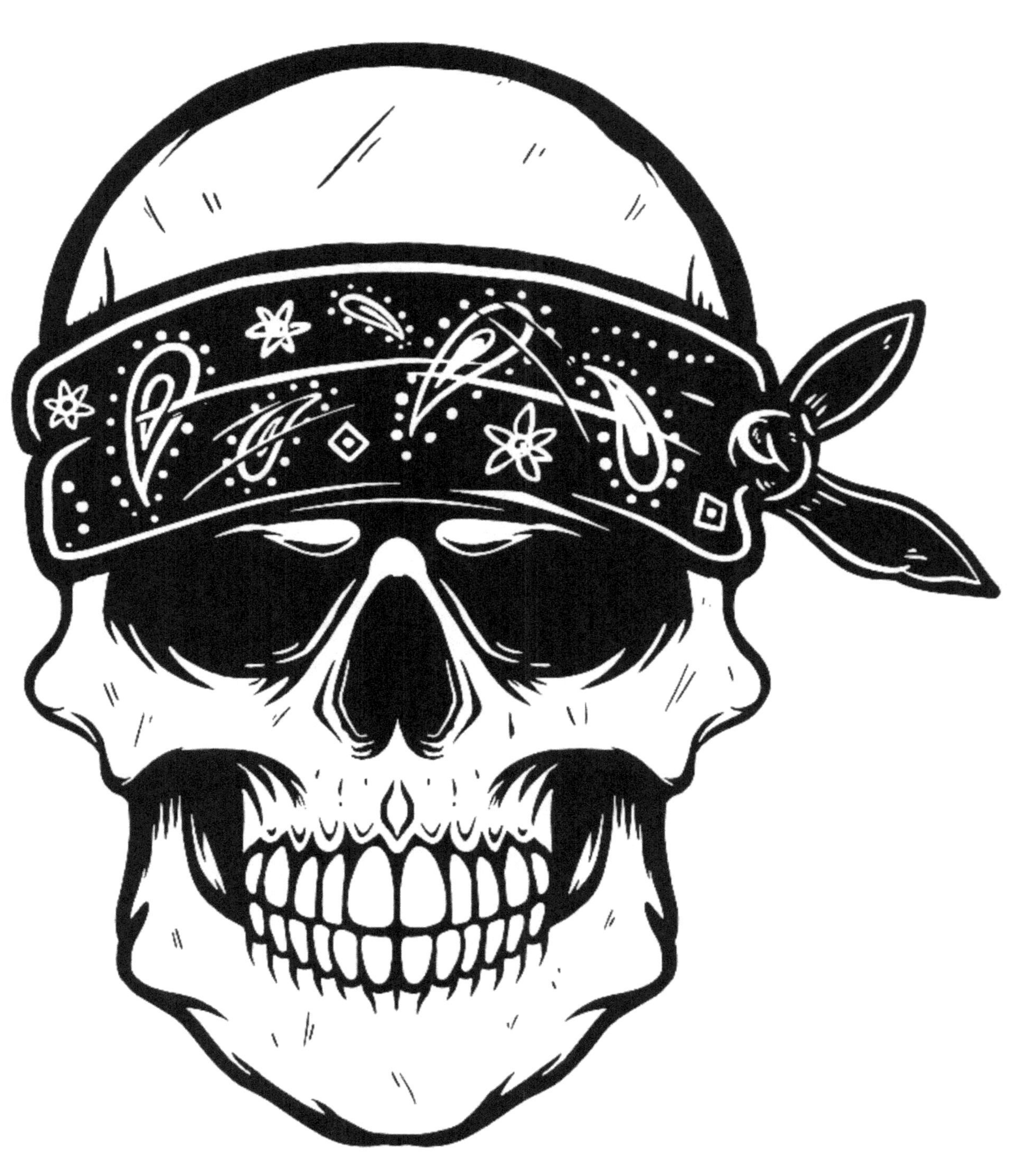

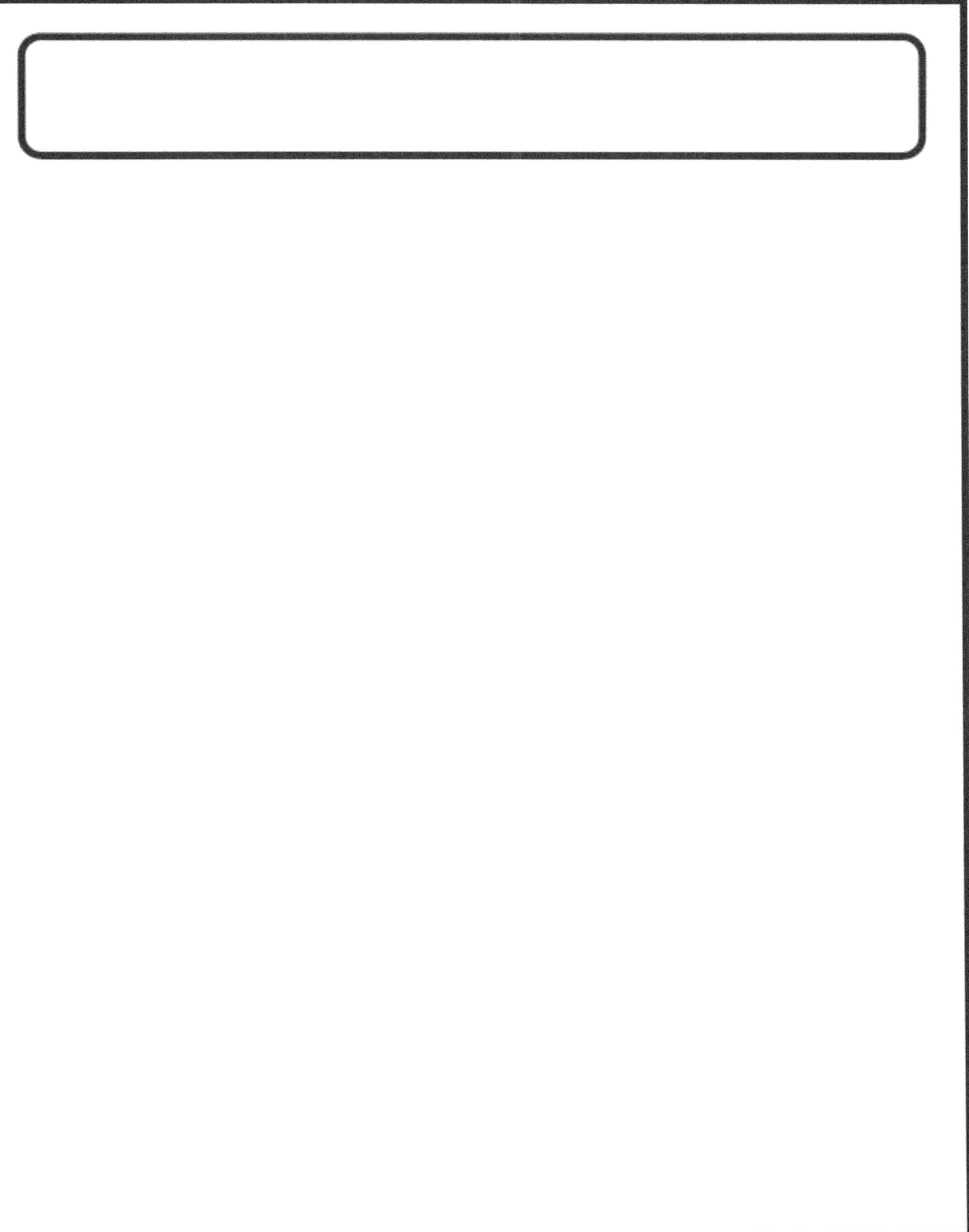

CRANIO LIBRO DA COLORARE

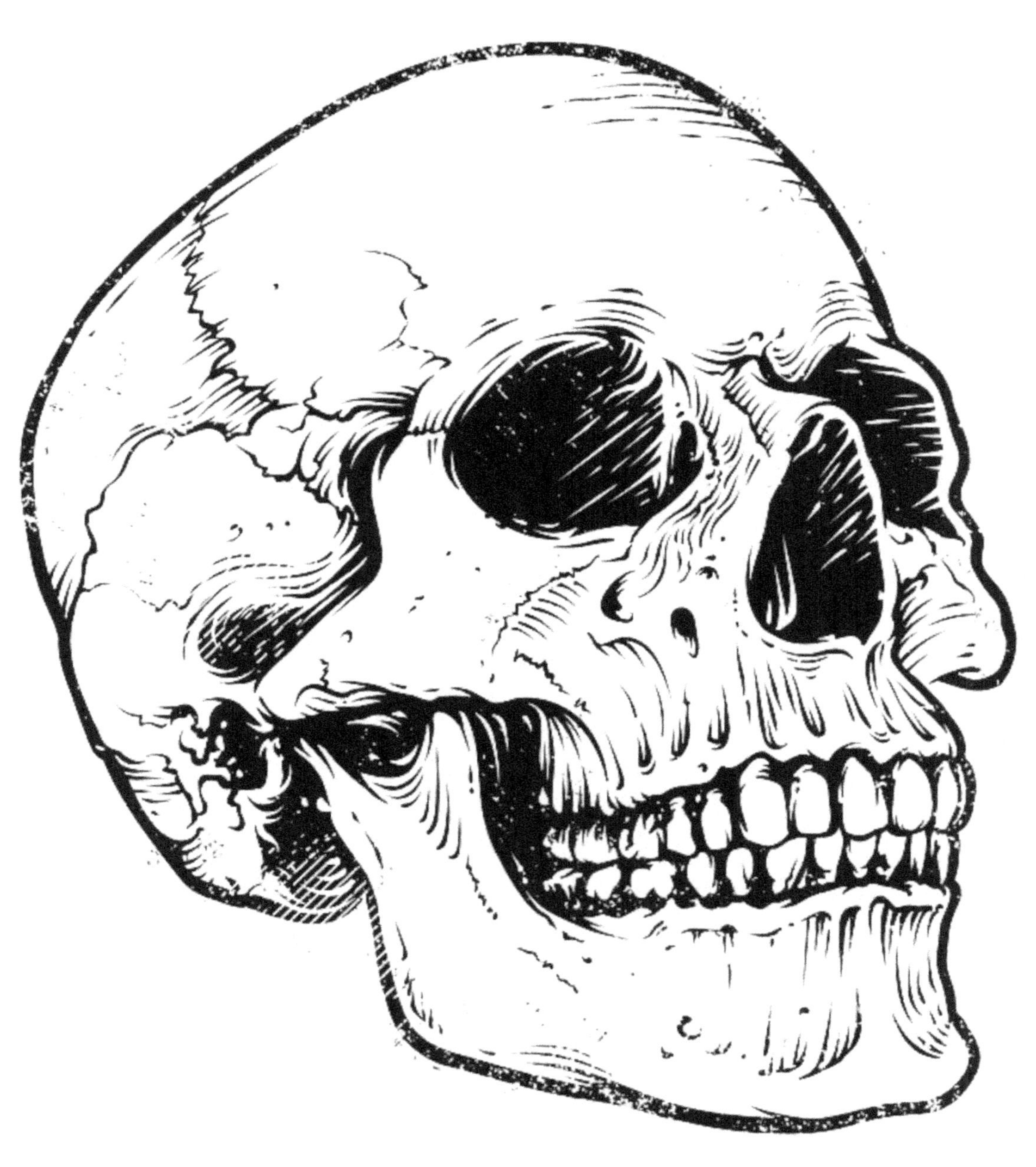

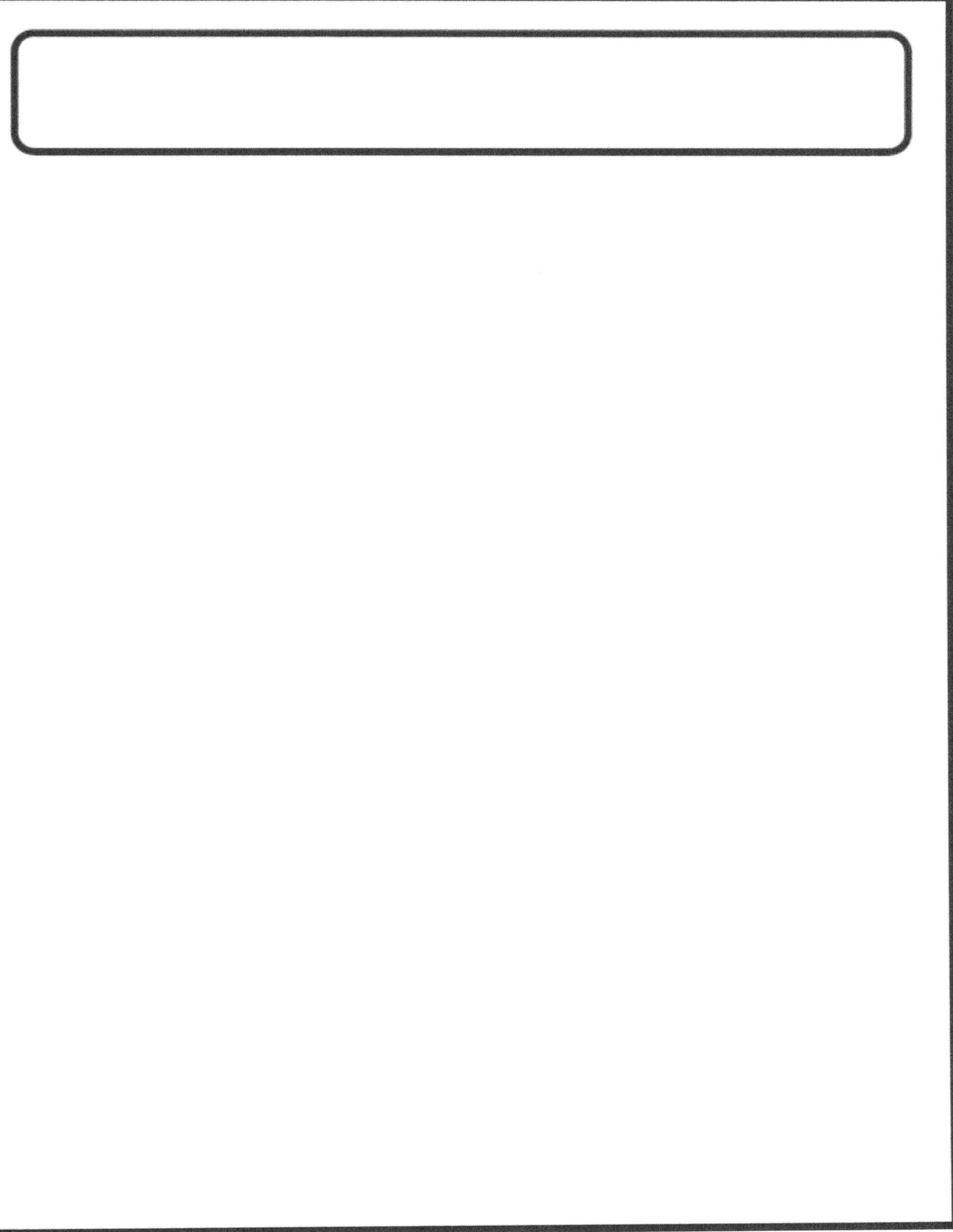

CRANIO LIBRO DA COLORARE

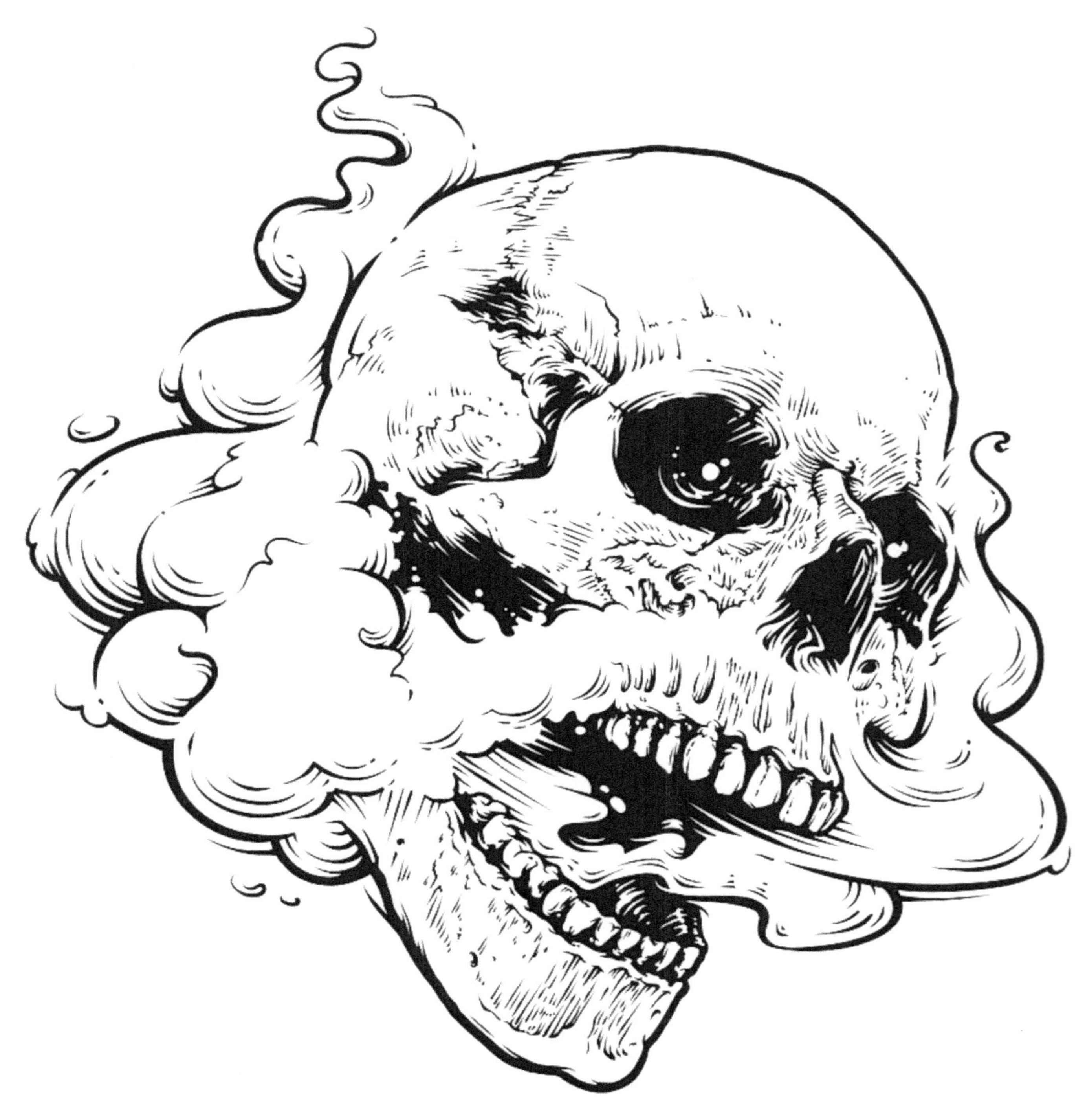

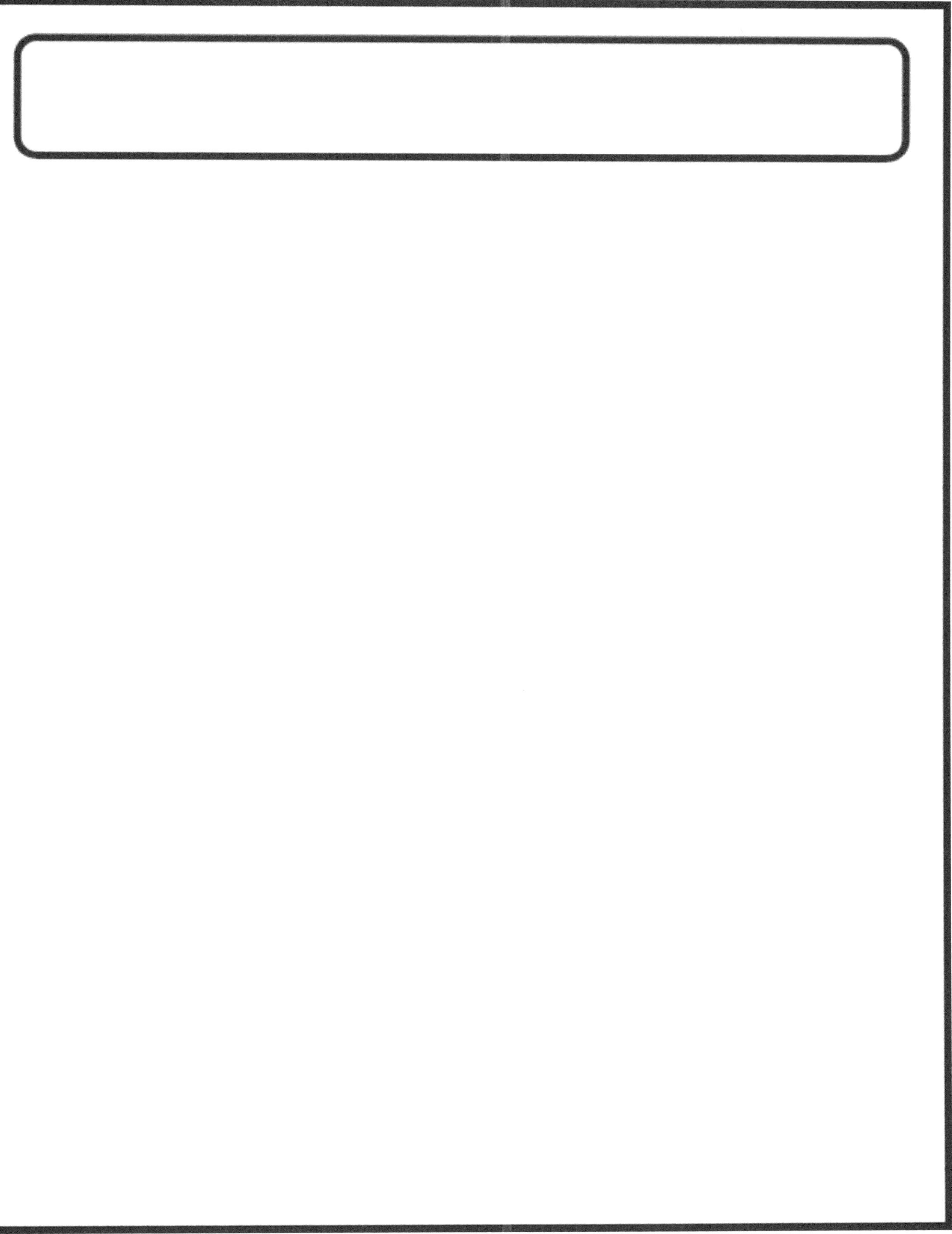

CRANIO LIBRO DA COLORARE

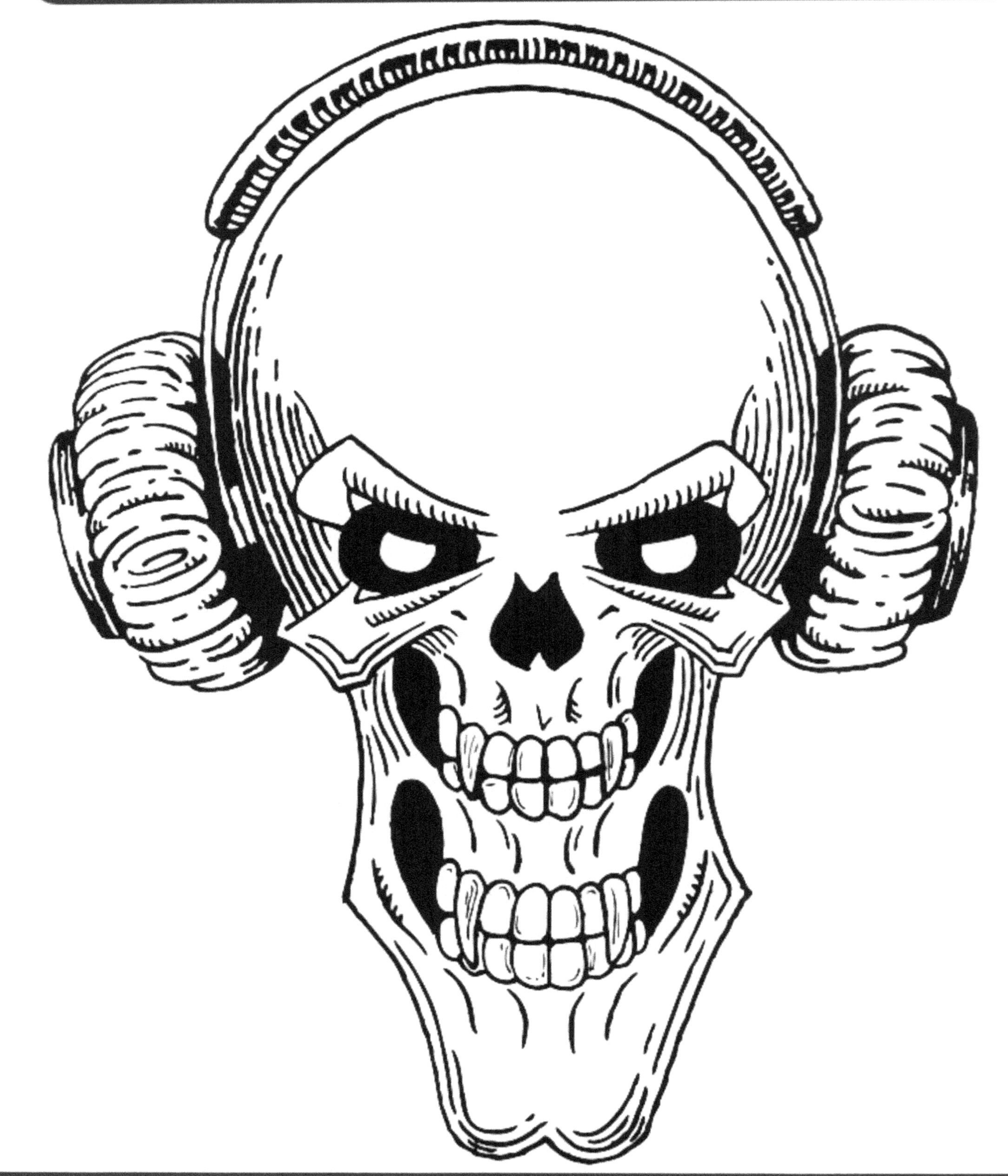

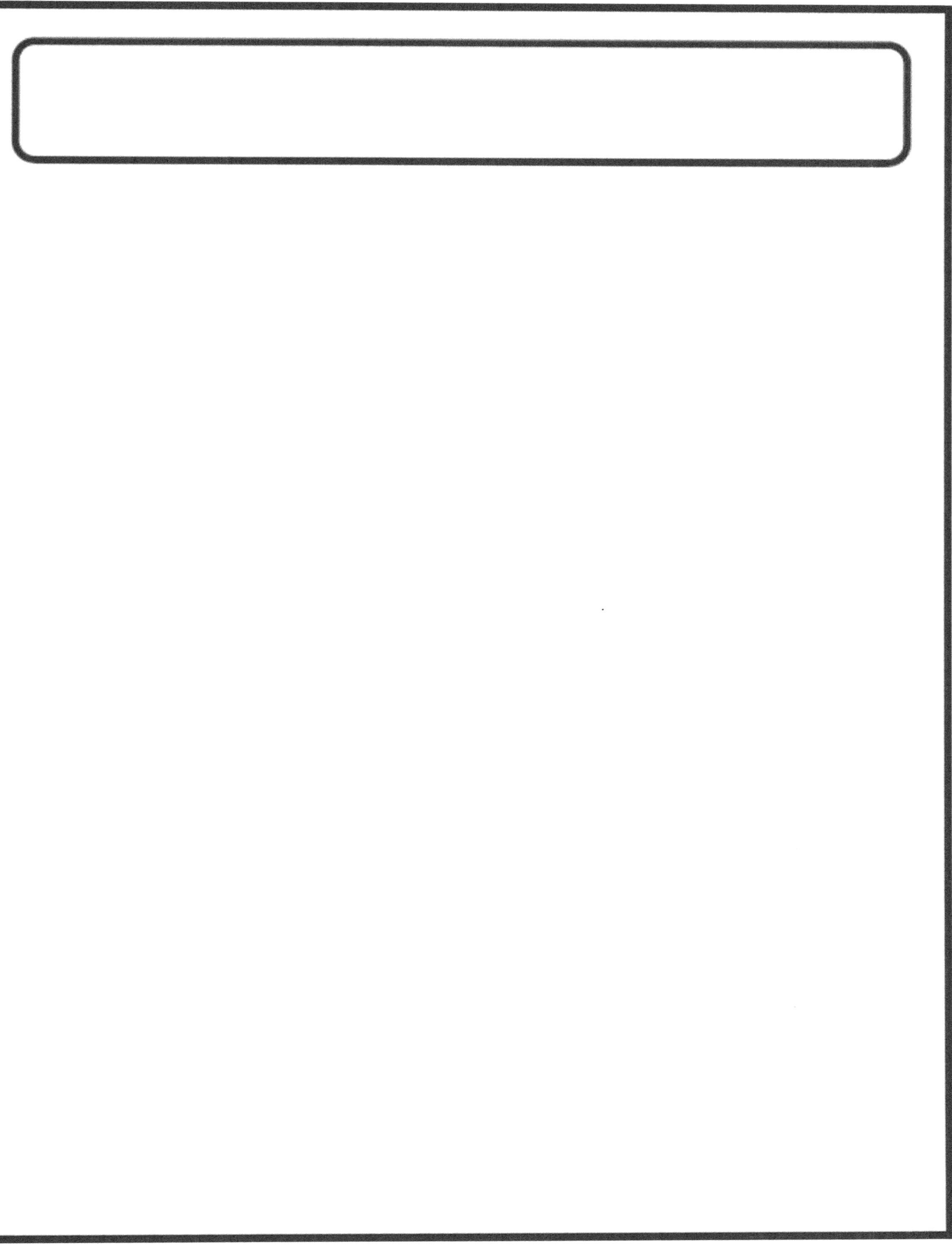

CRANIO LIBRO DA COLORARE

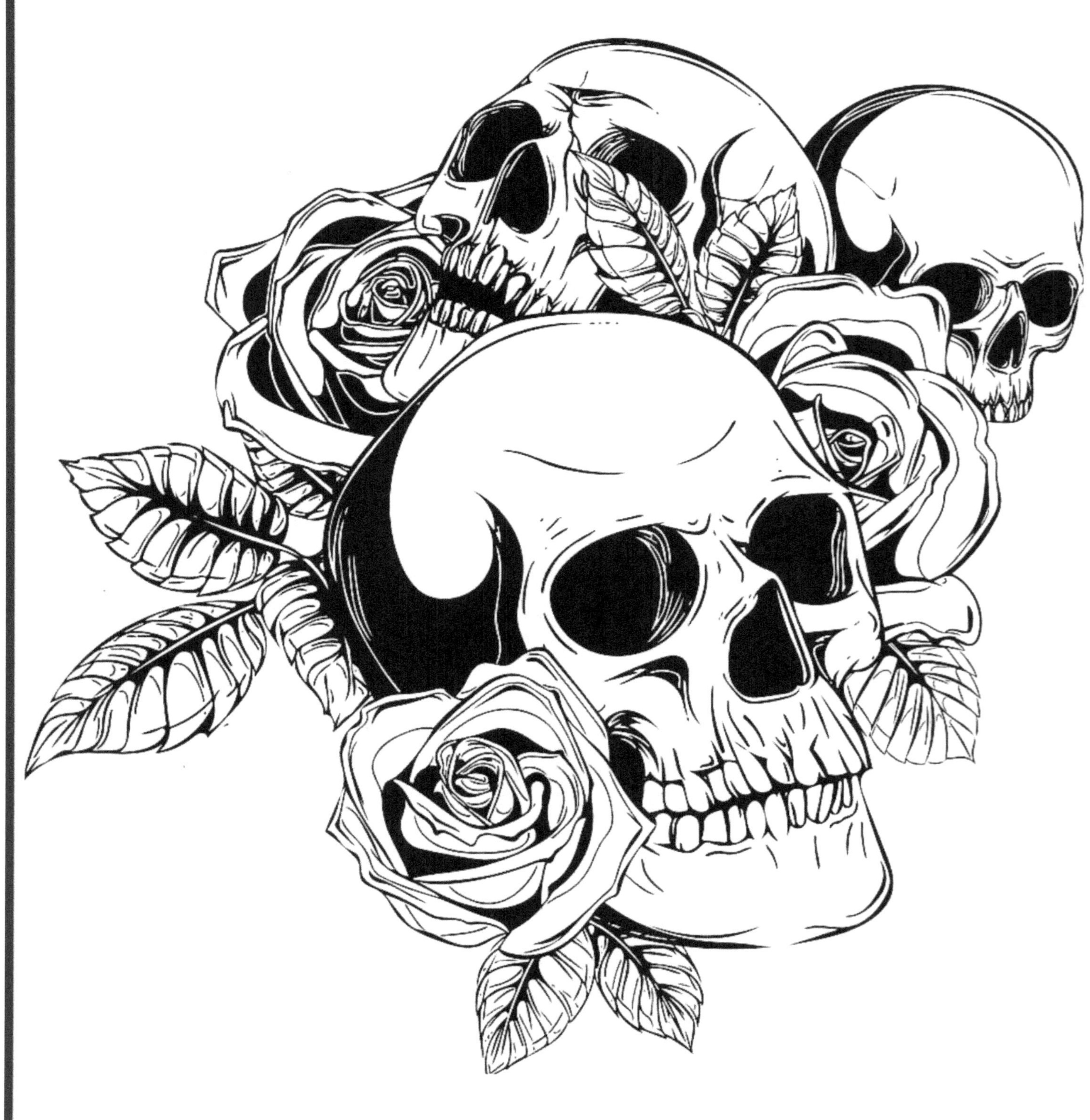

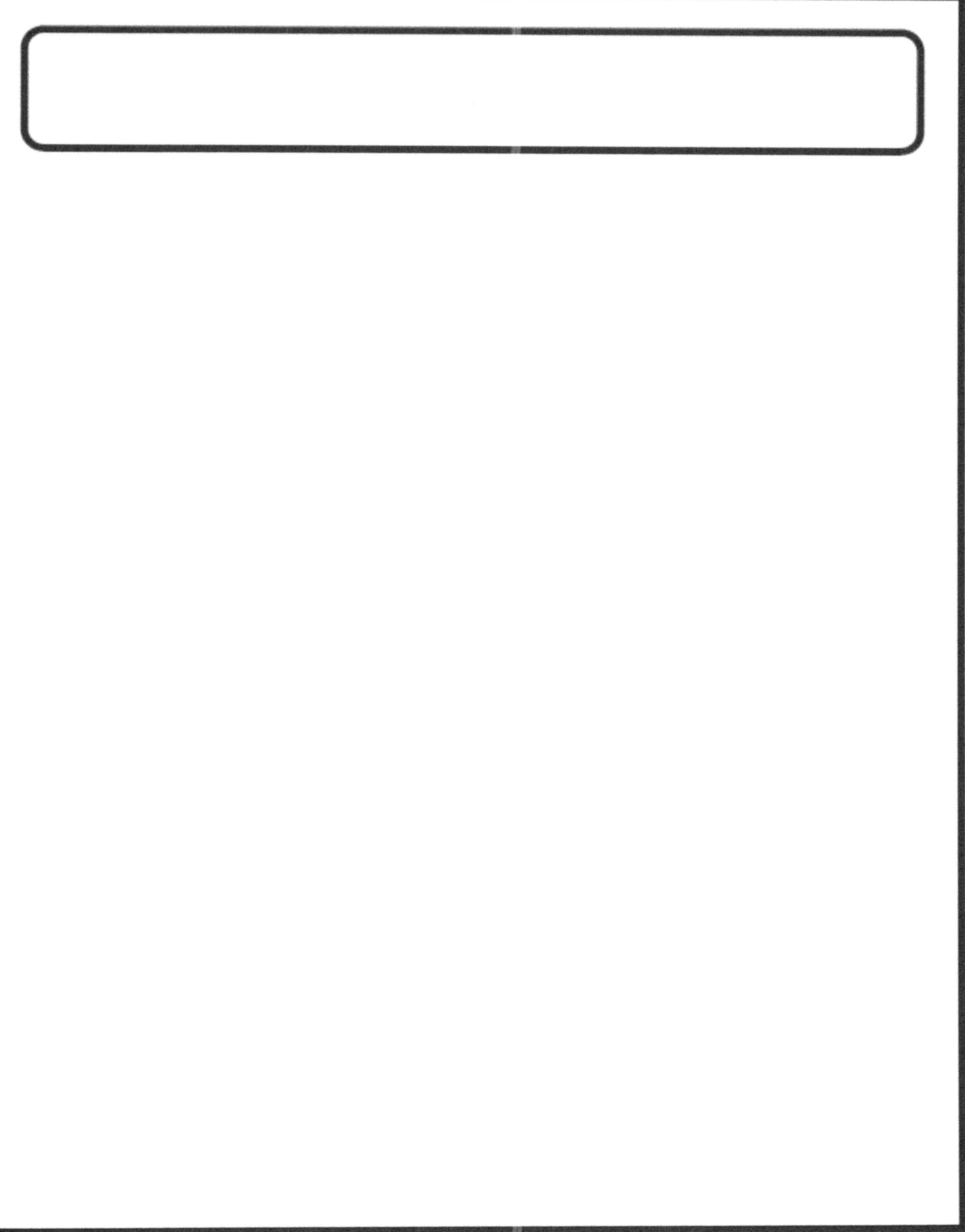

CRANIO LIBRO DA COLORARE

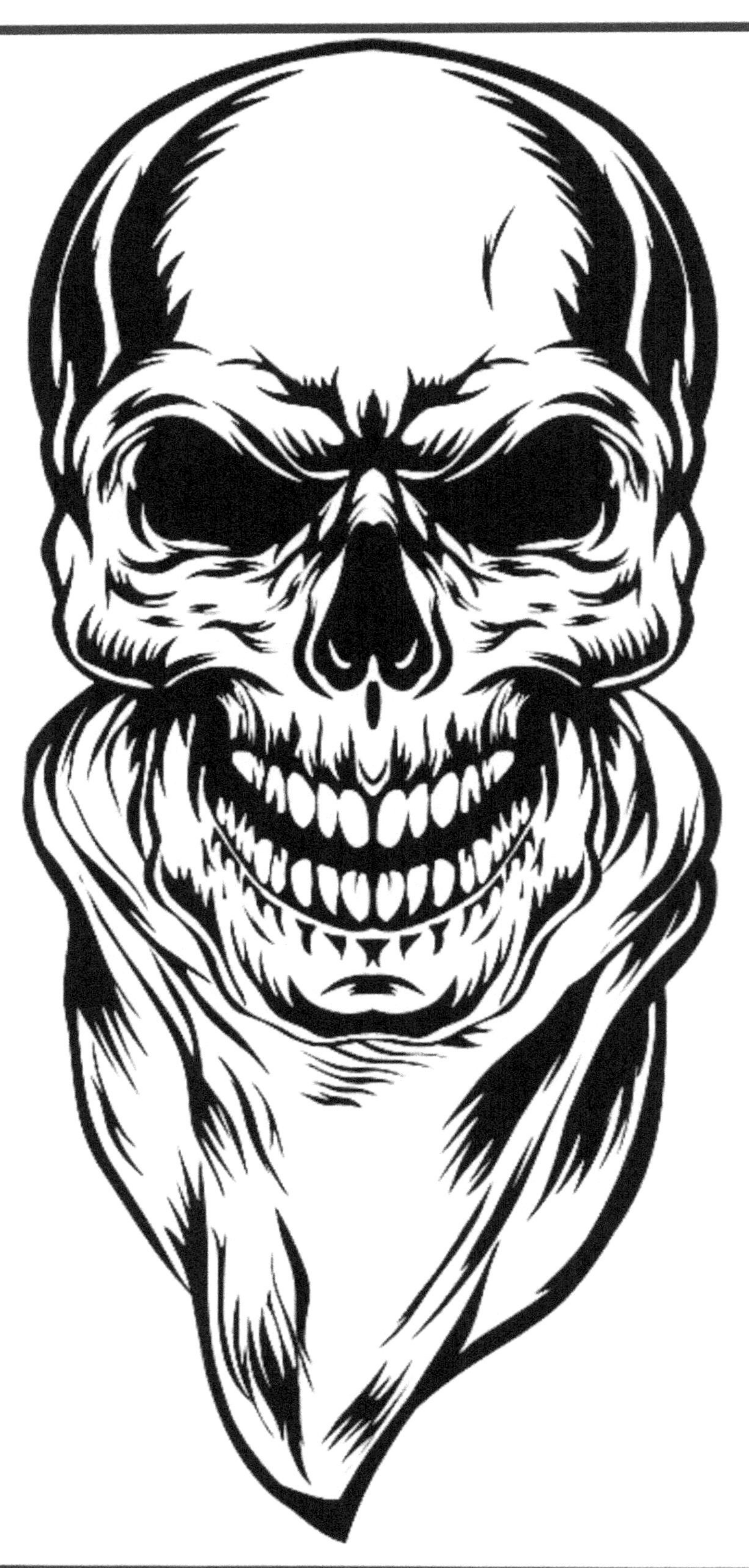

CRANIO LIBRO DA COLORARE

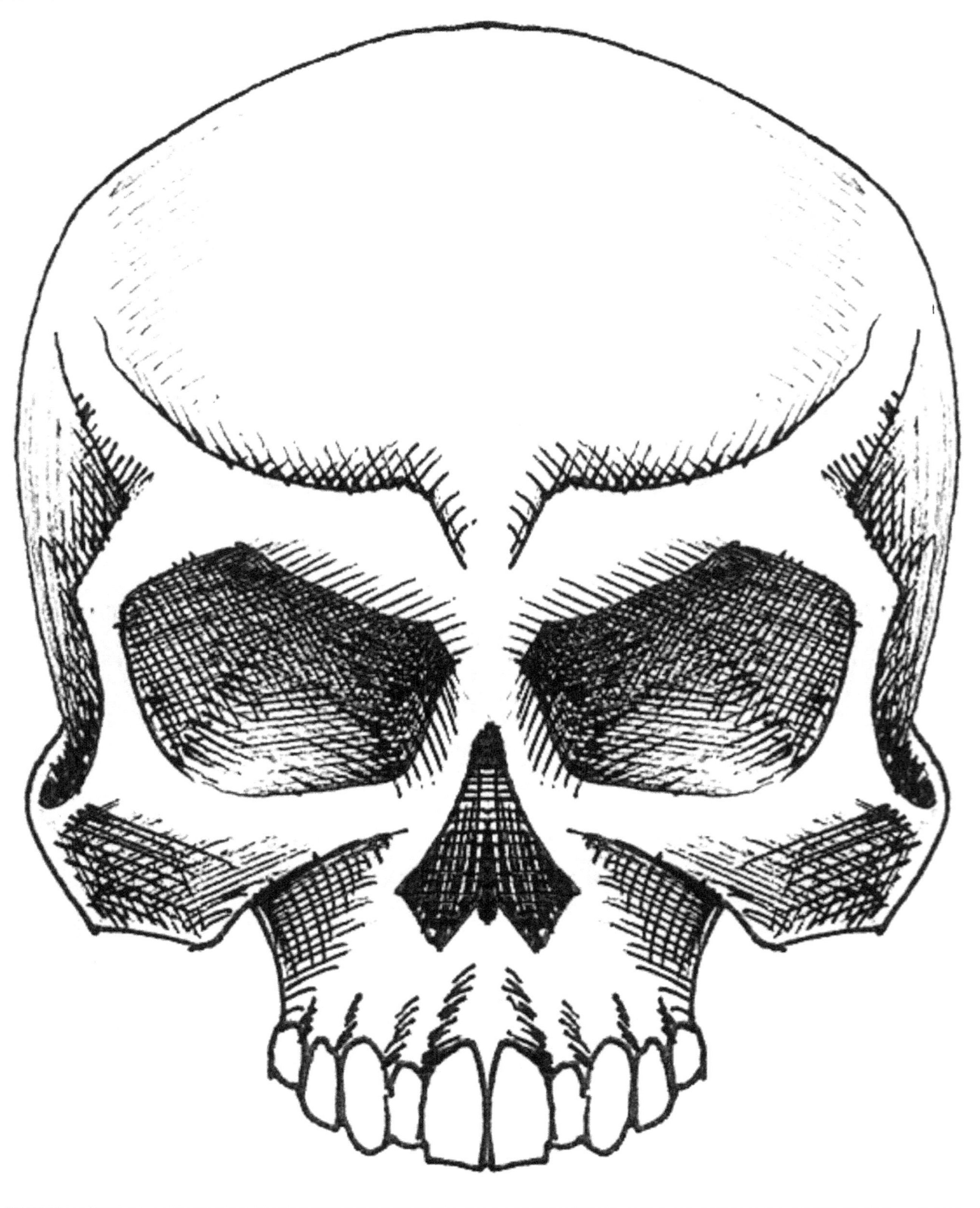

CRANIO LIBRO DA COLORARE

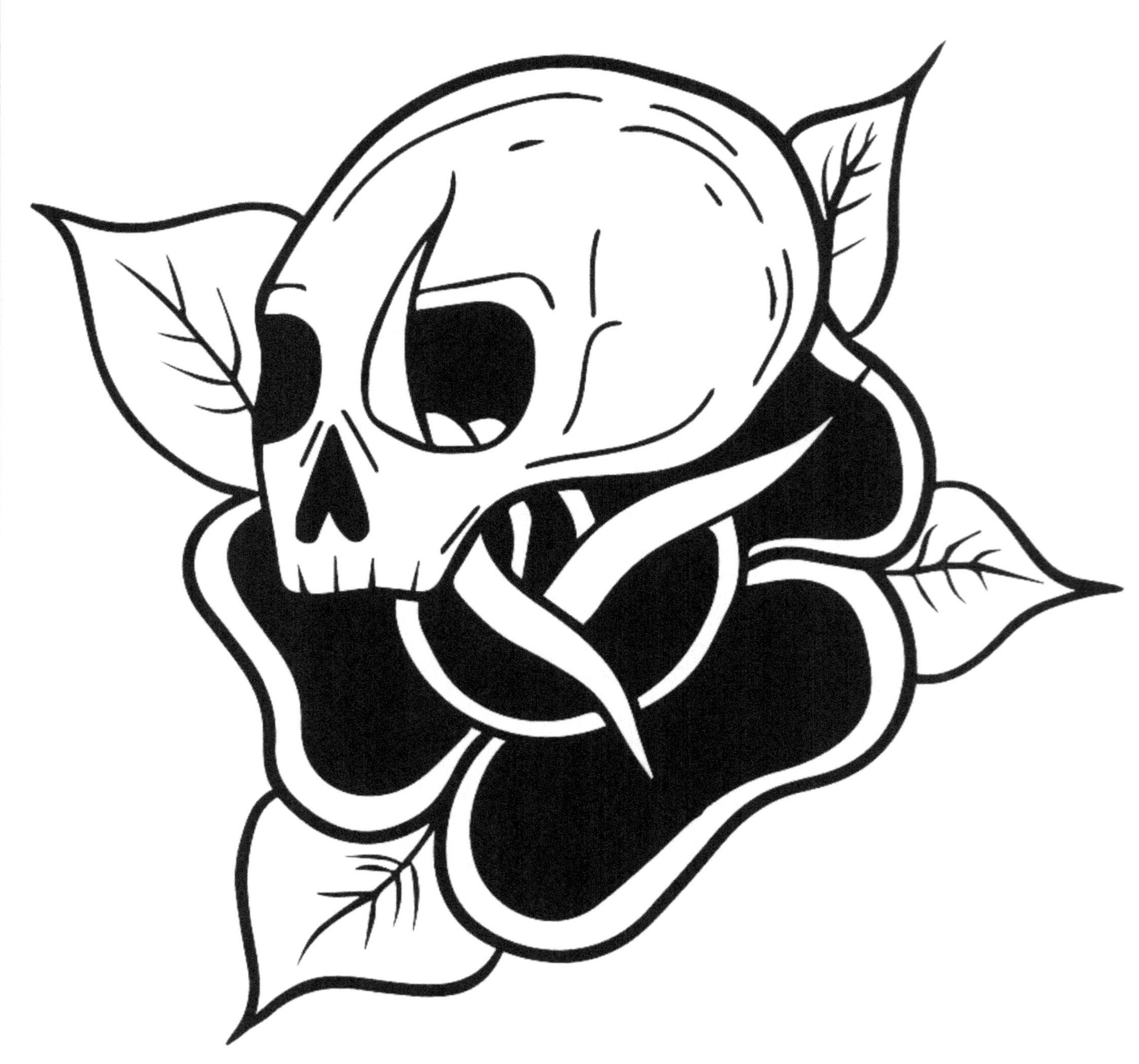

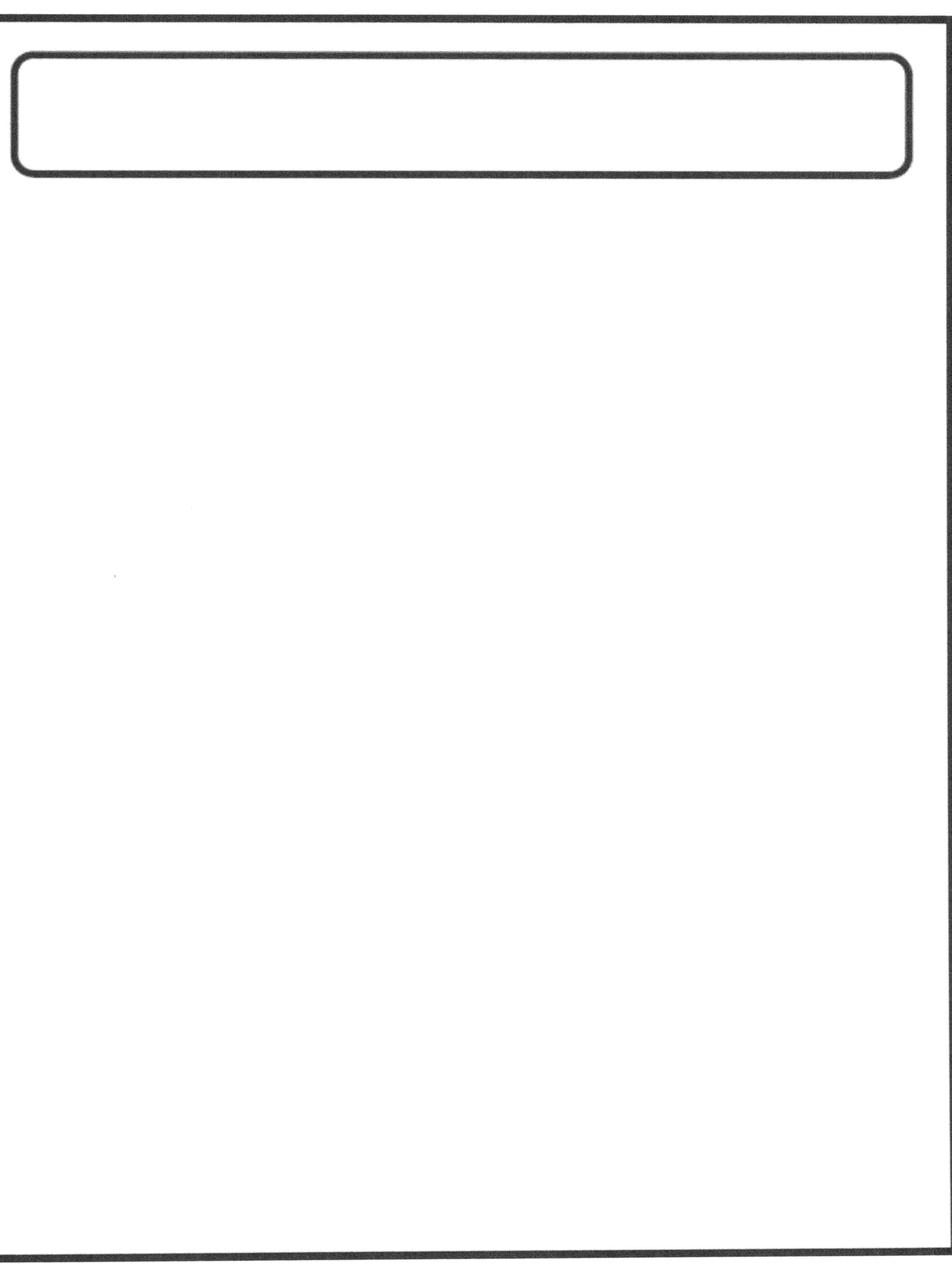

CRANIO LIBRO DA COLORARE

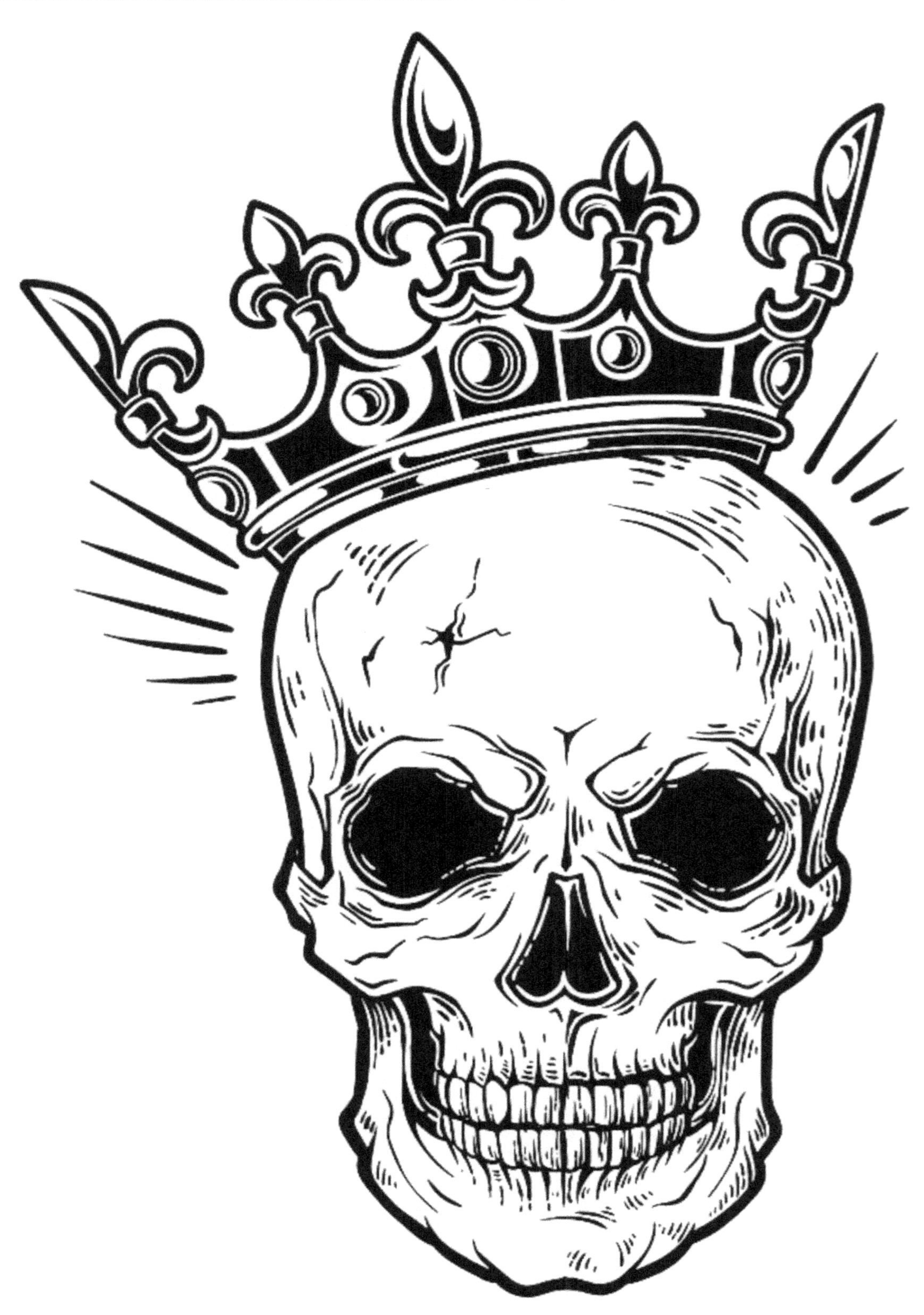

CRANIO LIBRO DA COLORARE

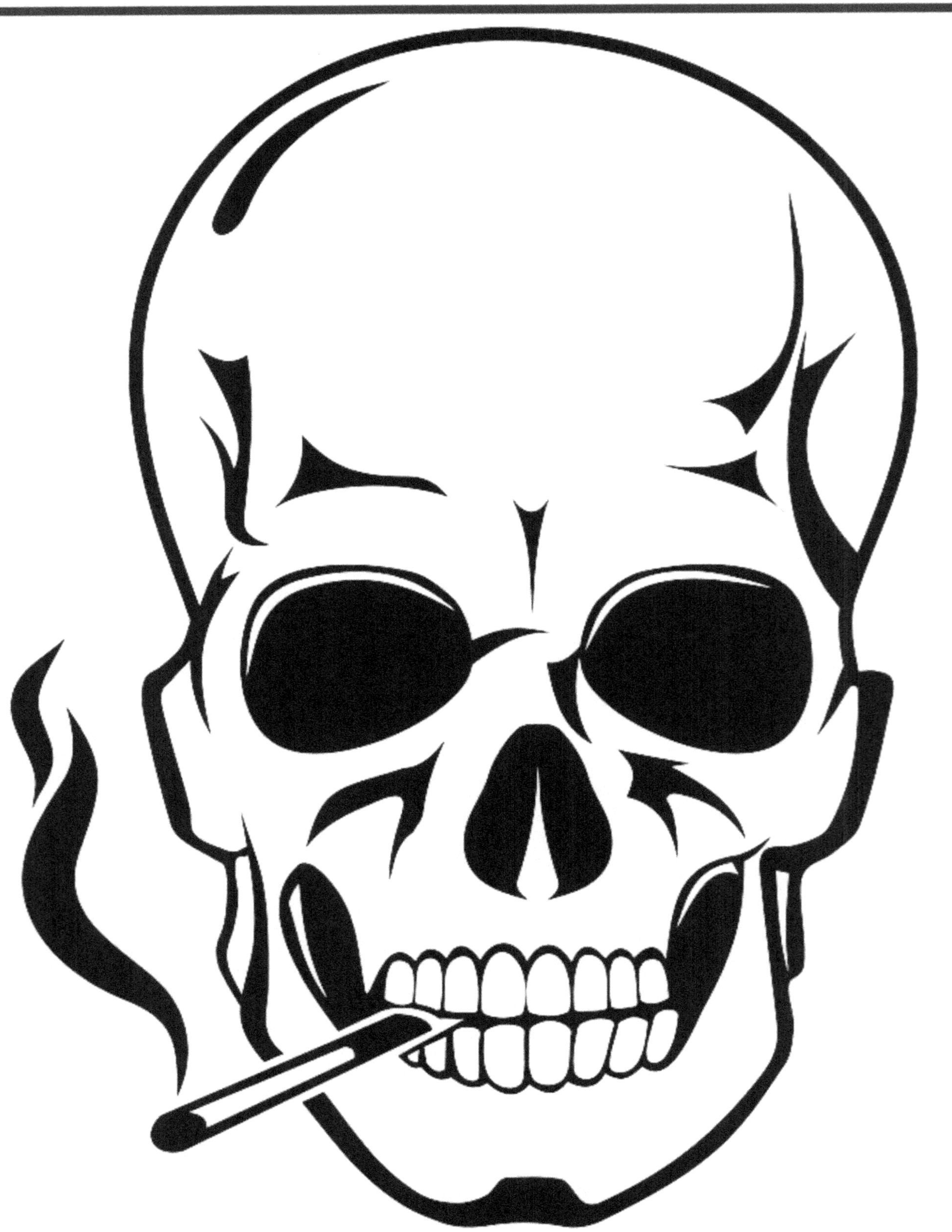

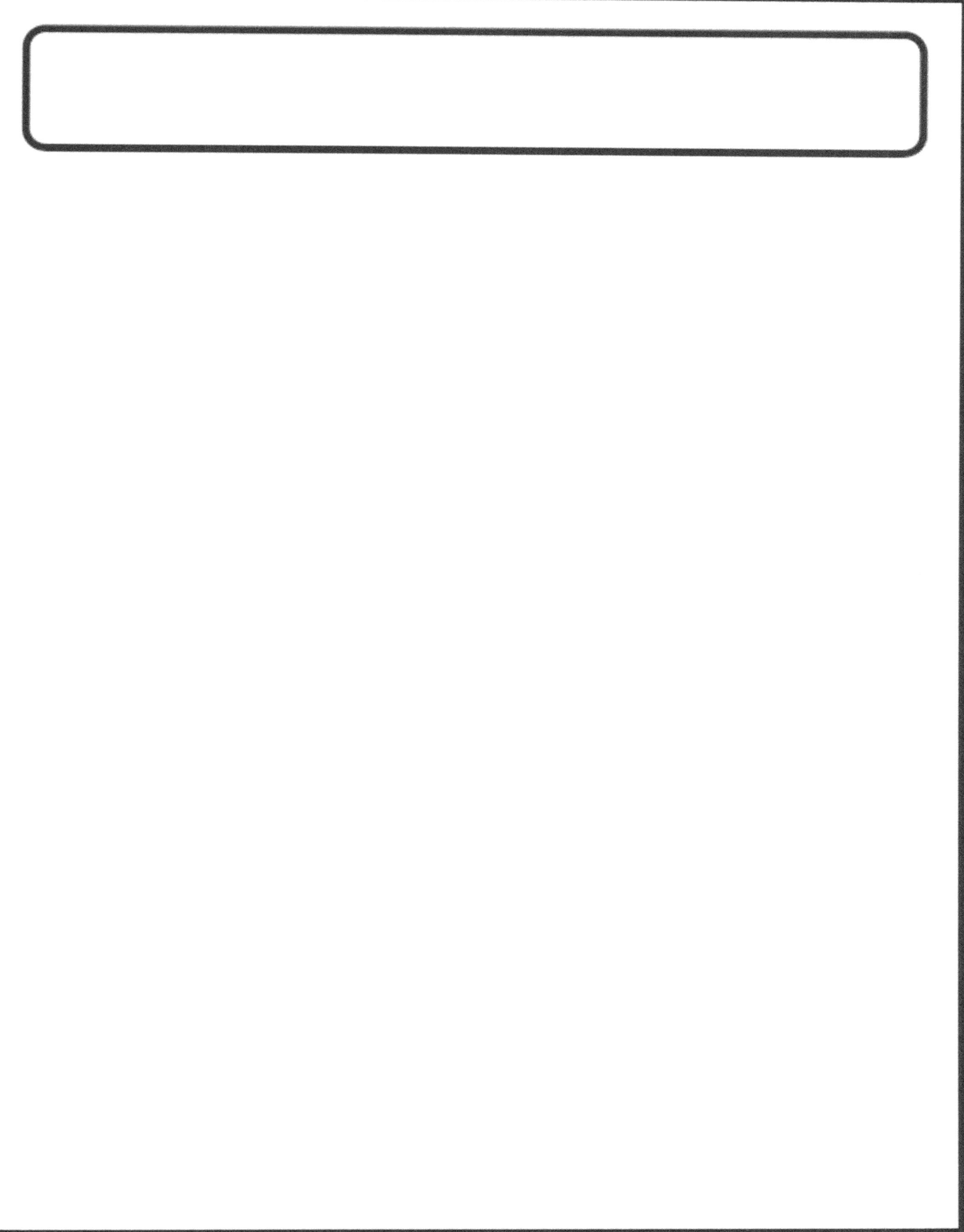

CRANIO LIBRO DA COLORARE

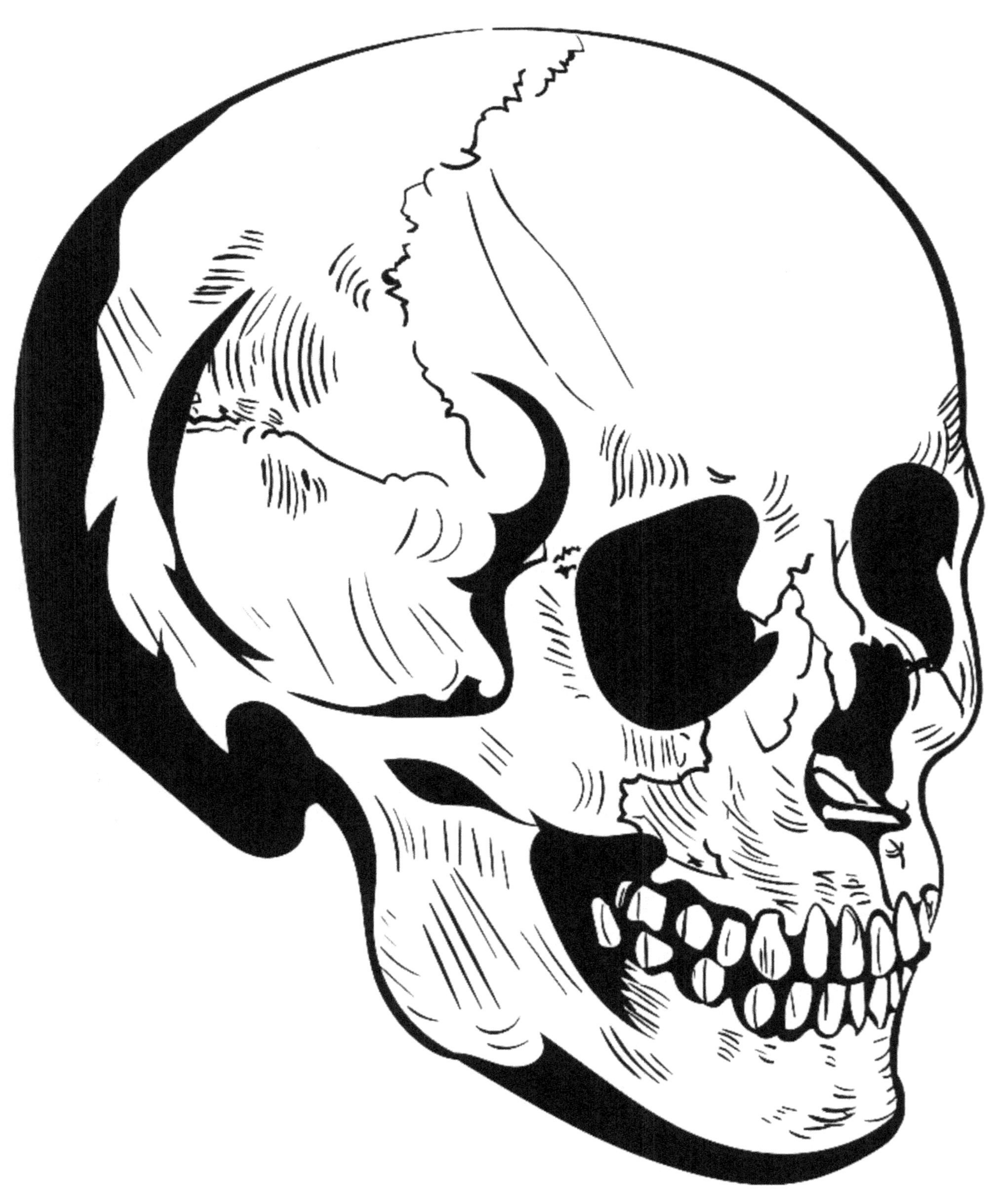

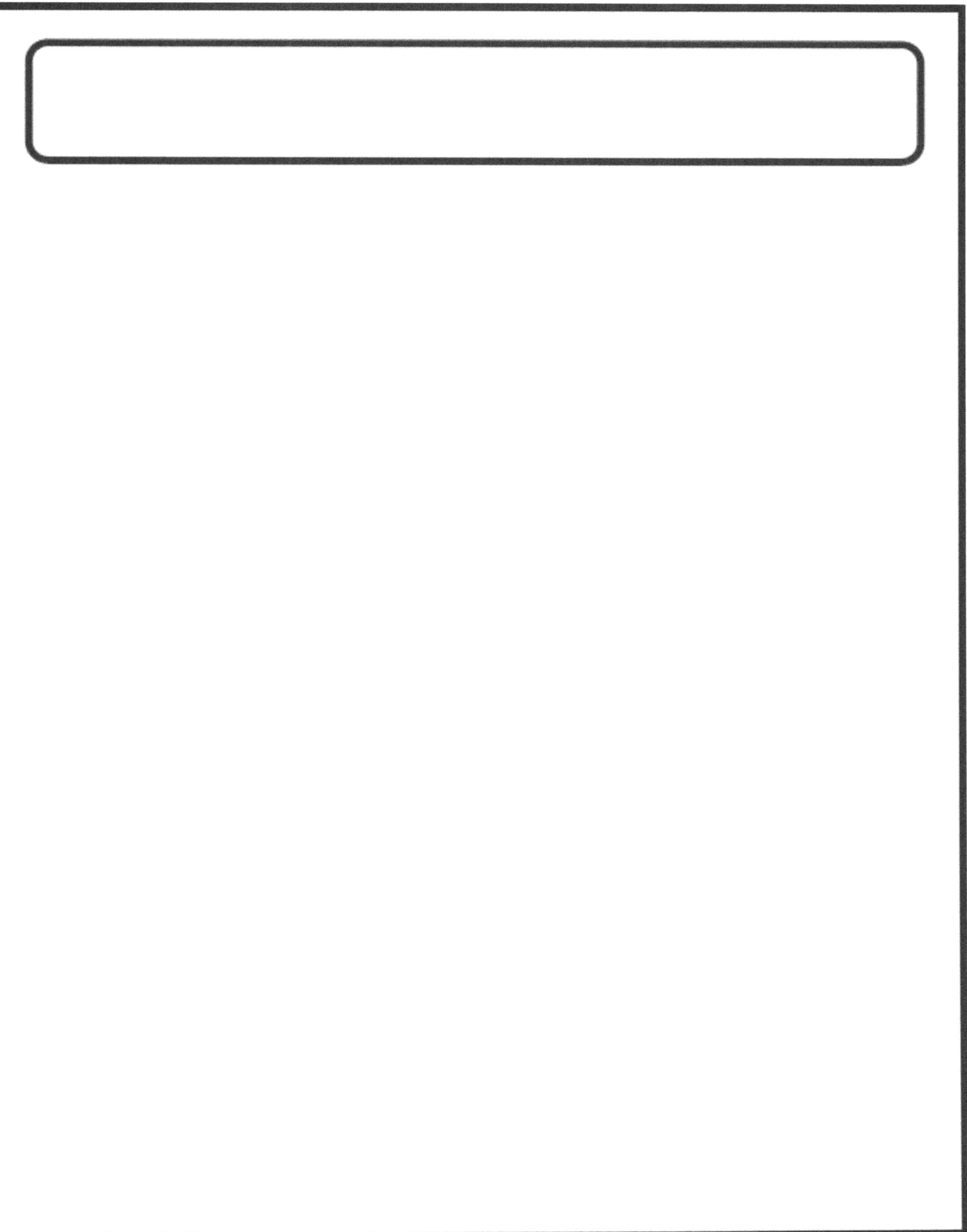

CRANIO LIBRO DA COLORARE

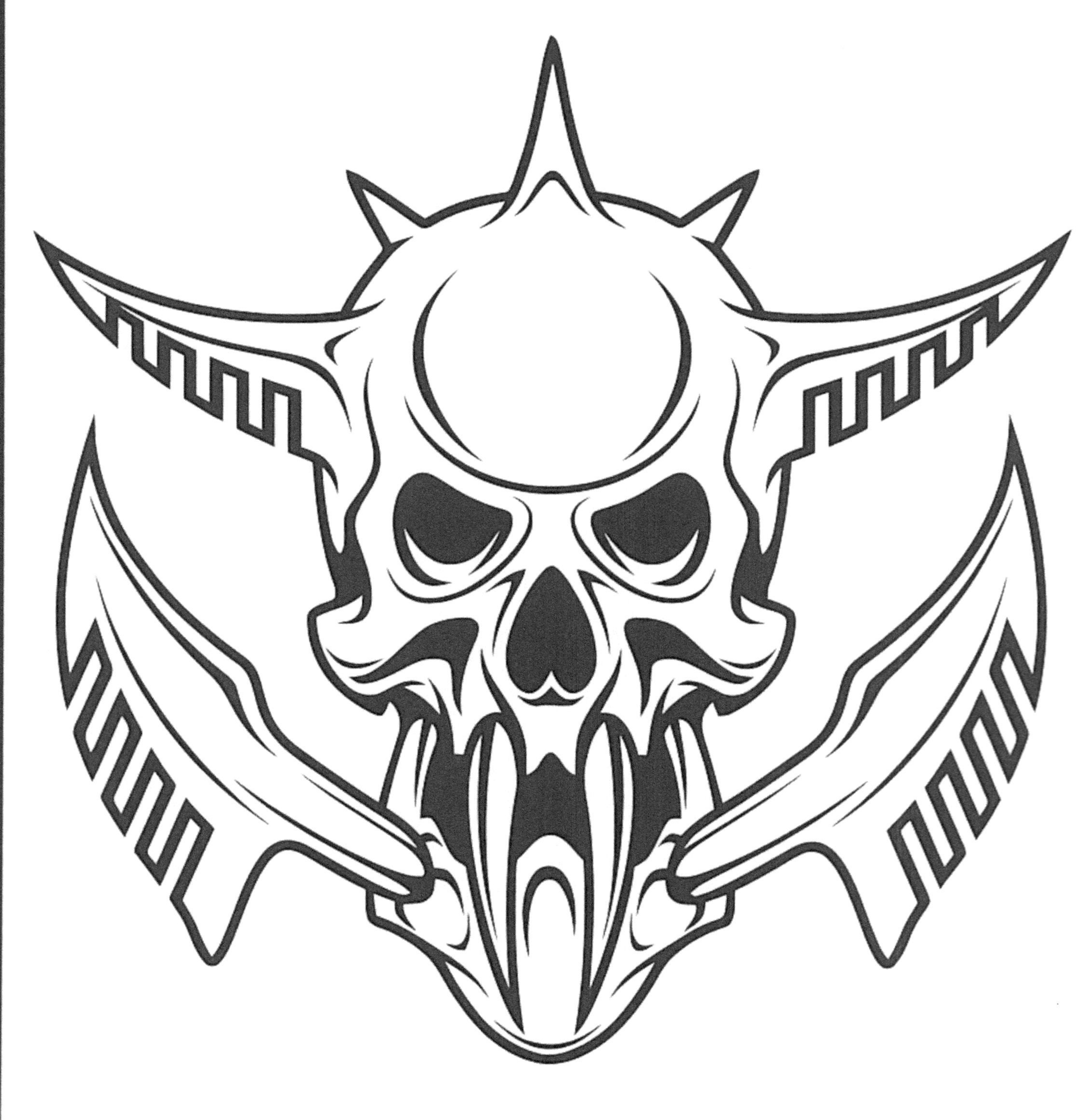

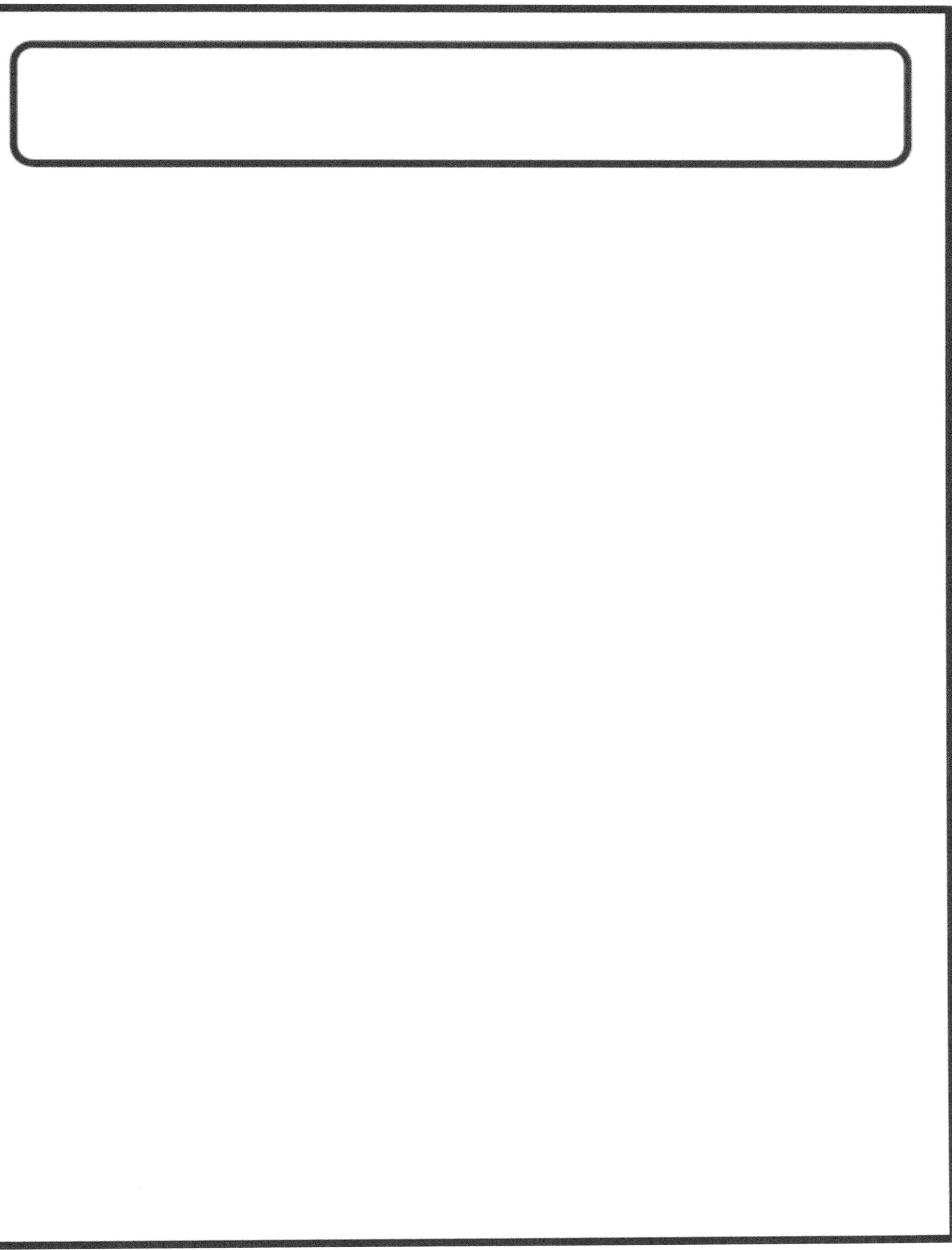

CRANIO LIBRO DA COLORARE

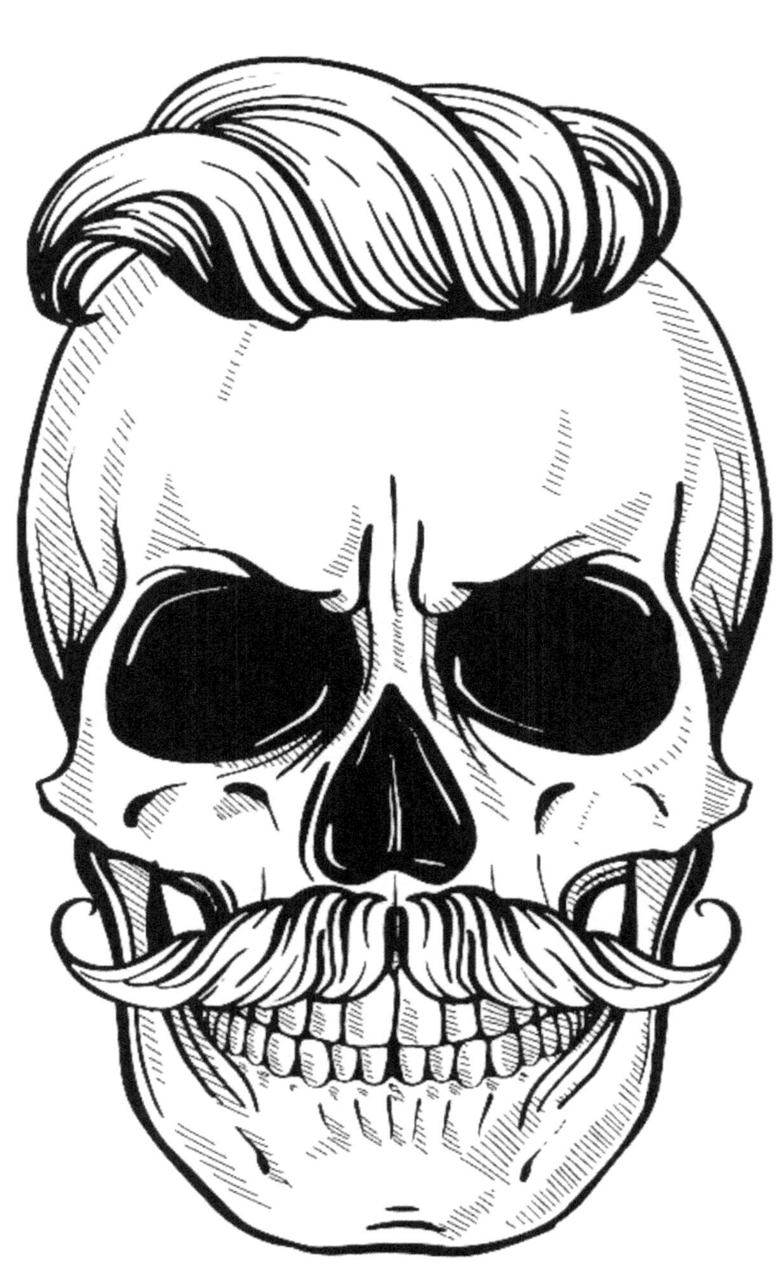

CRANIO LIBRO DA COLORARE

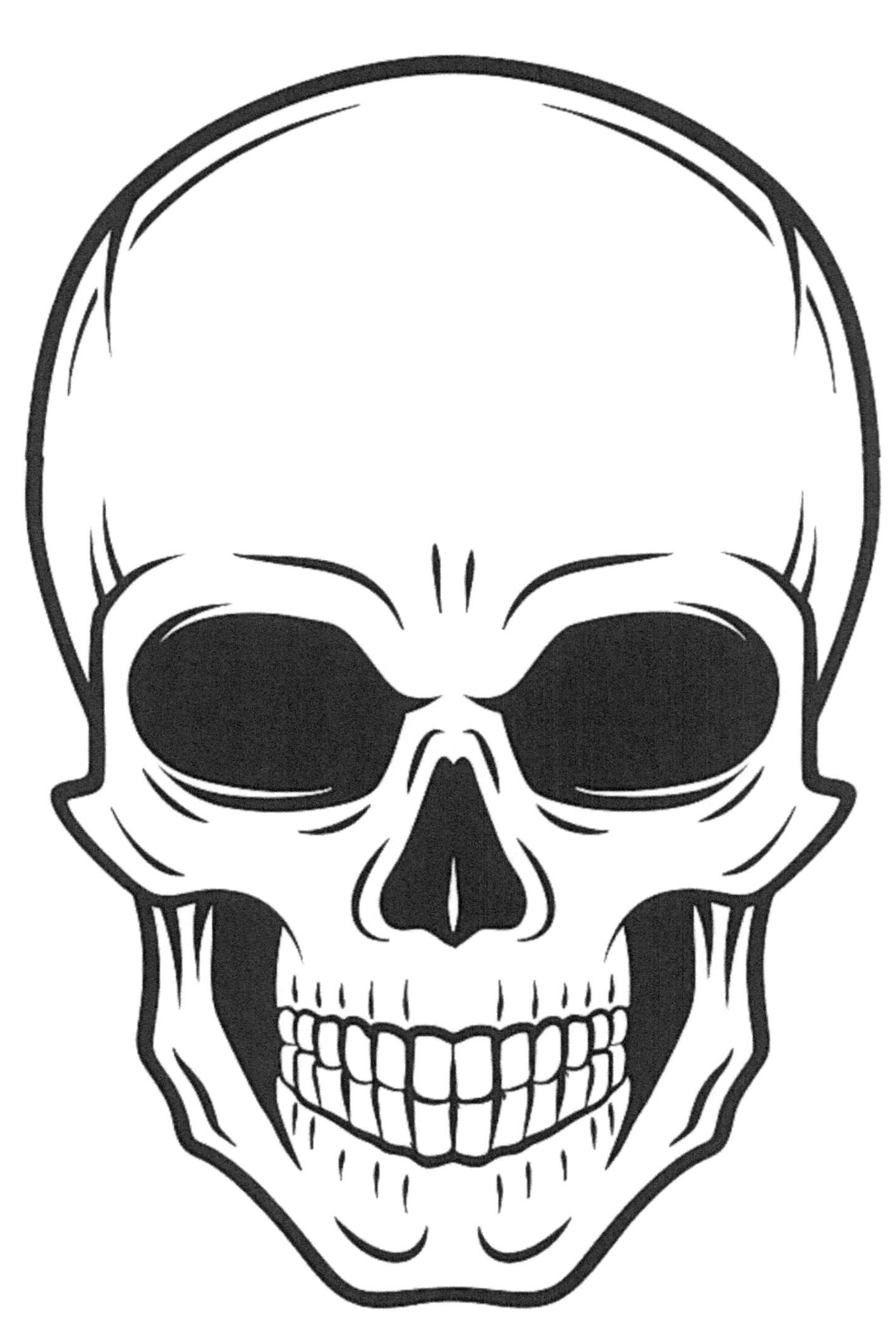

CRANIO LIBRO DA COLORARE

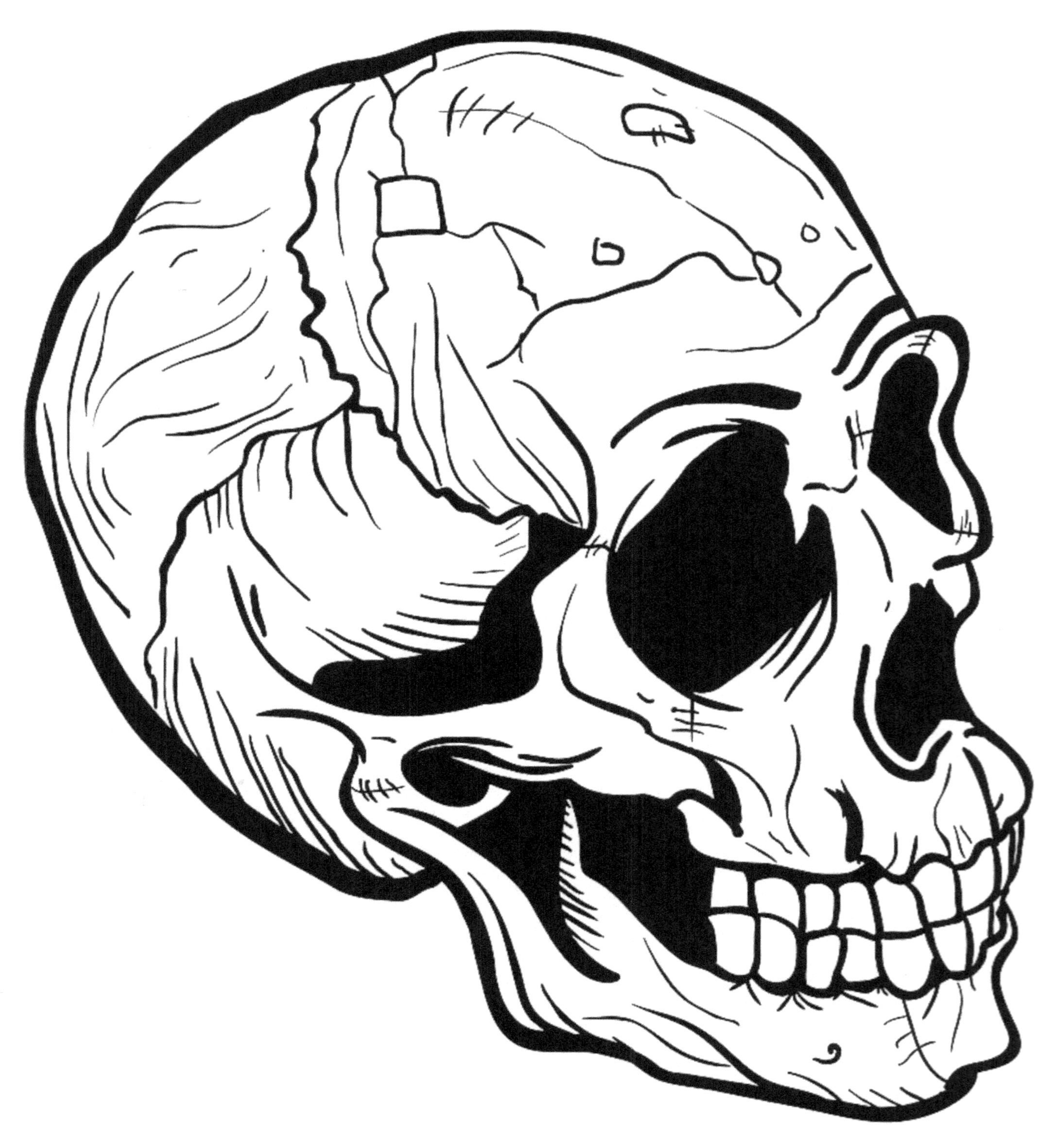

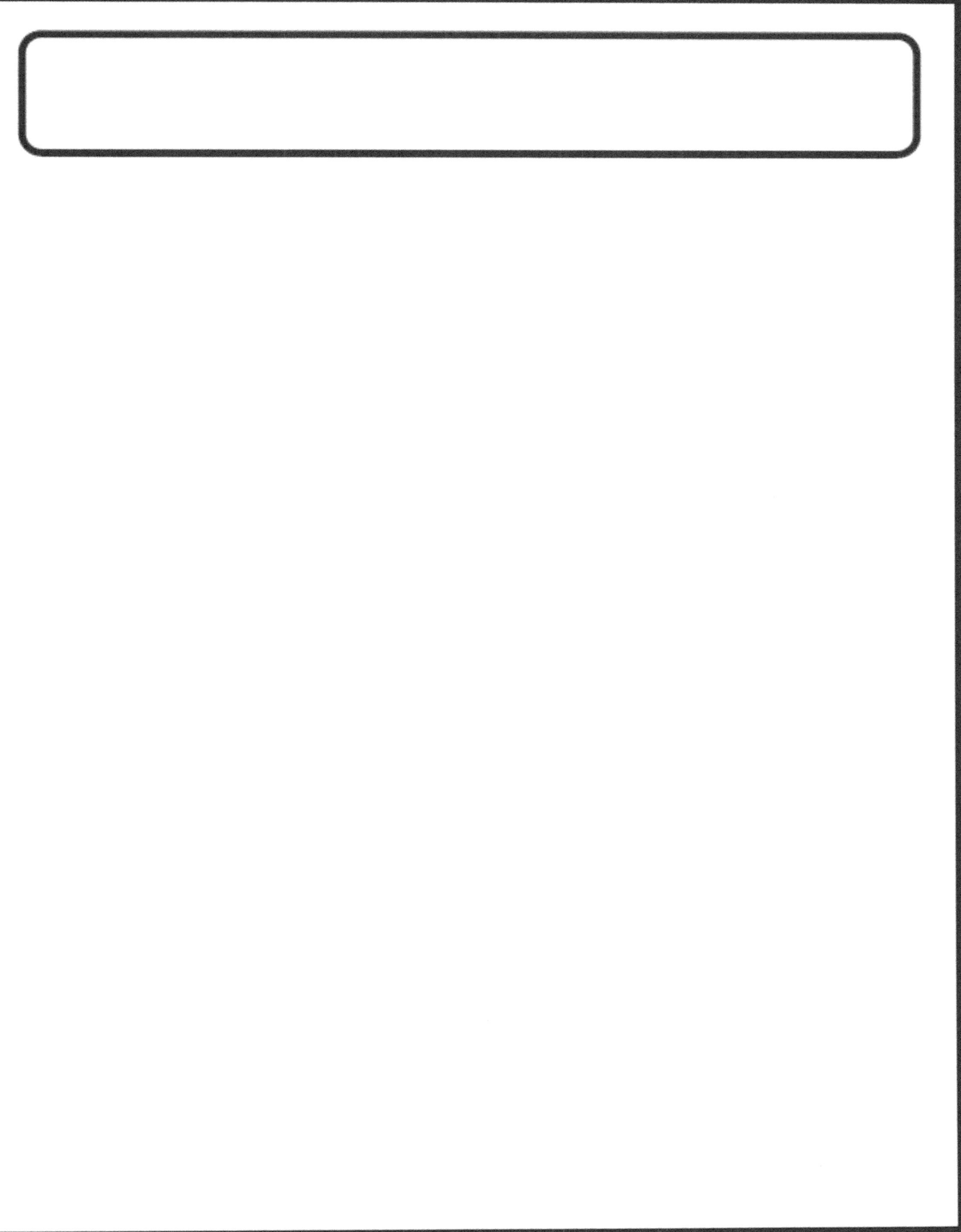

CRANIO LIBRO DA COLORARE

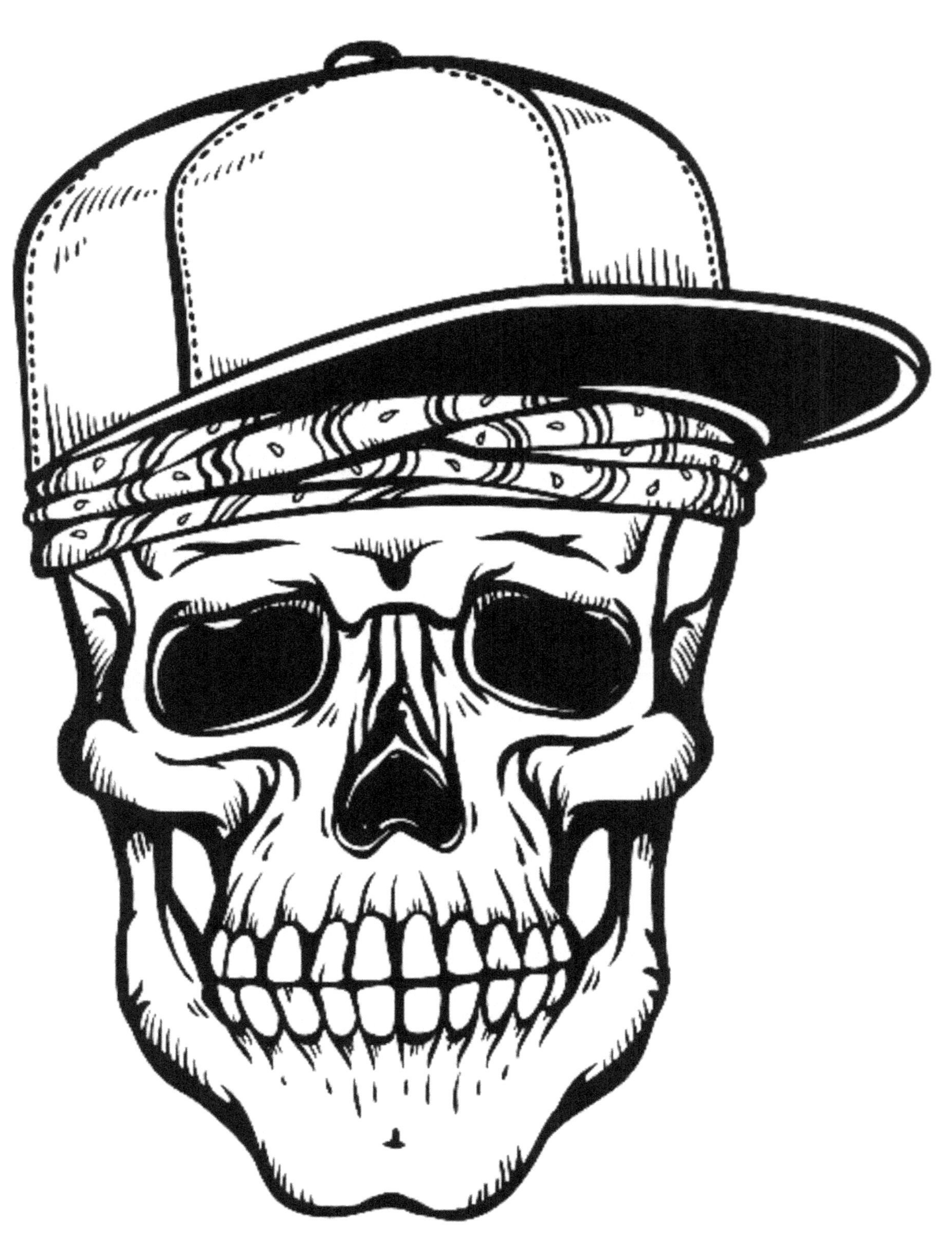

CRANIO LIBRO DA COLORARE

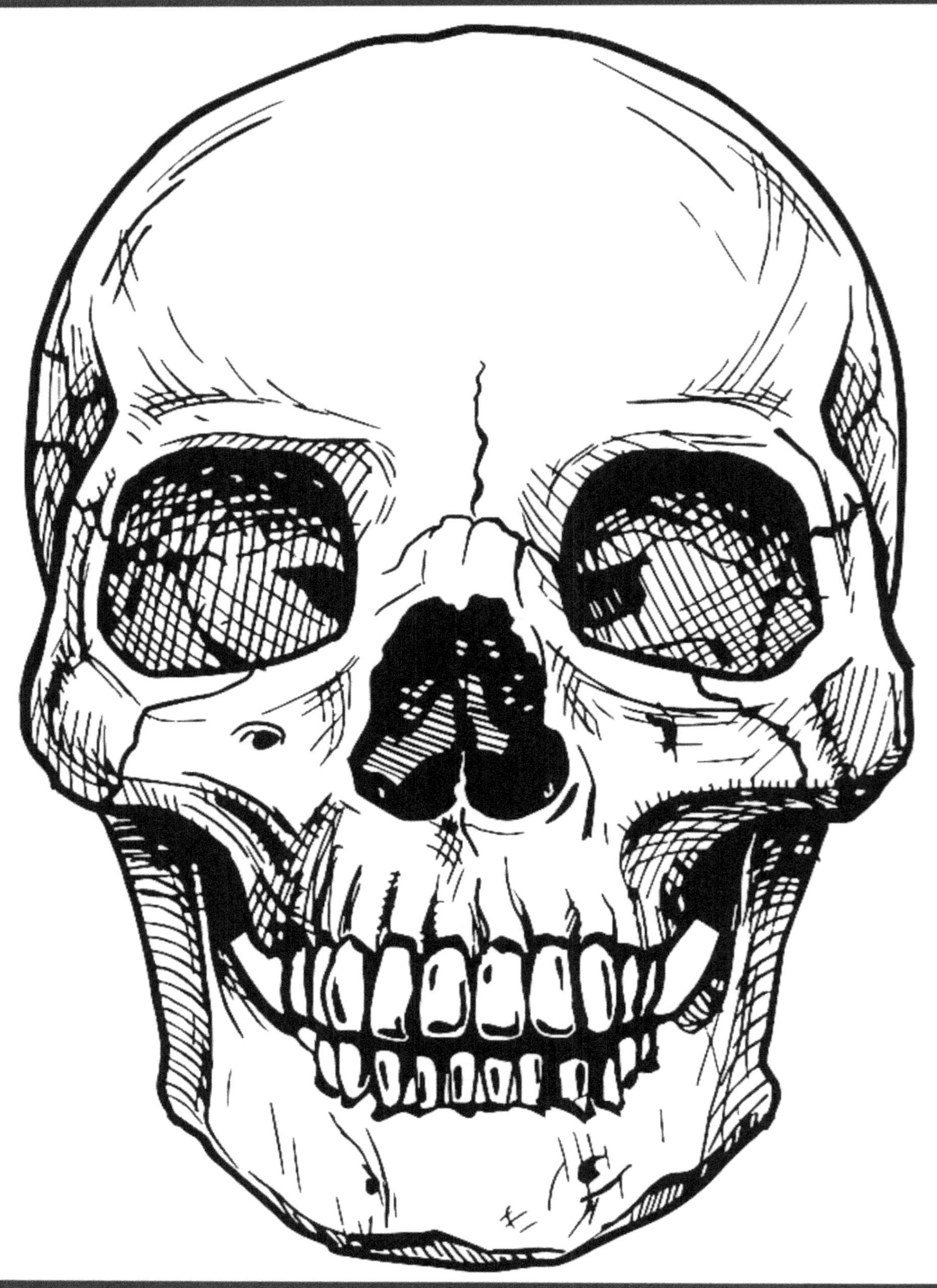

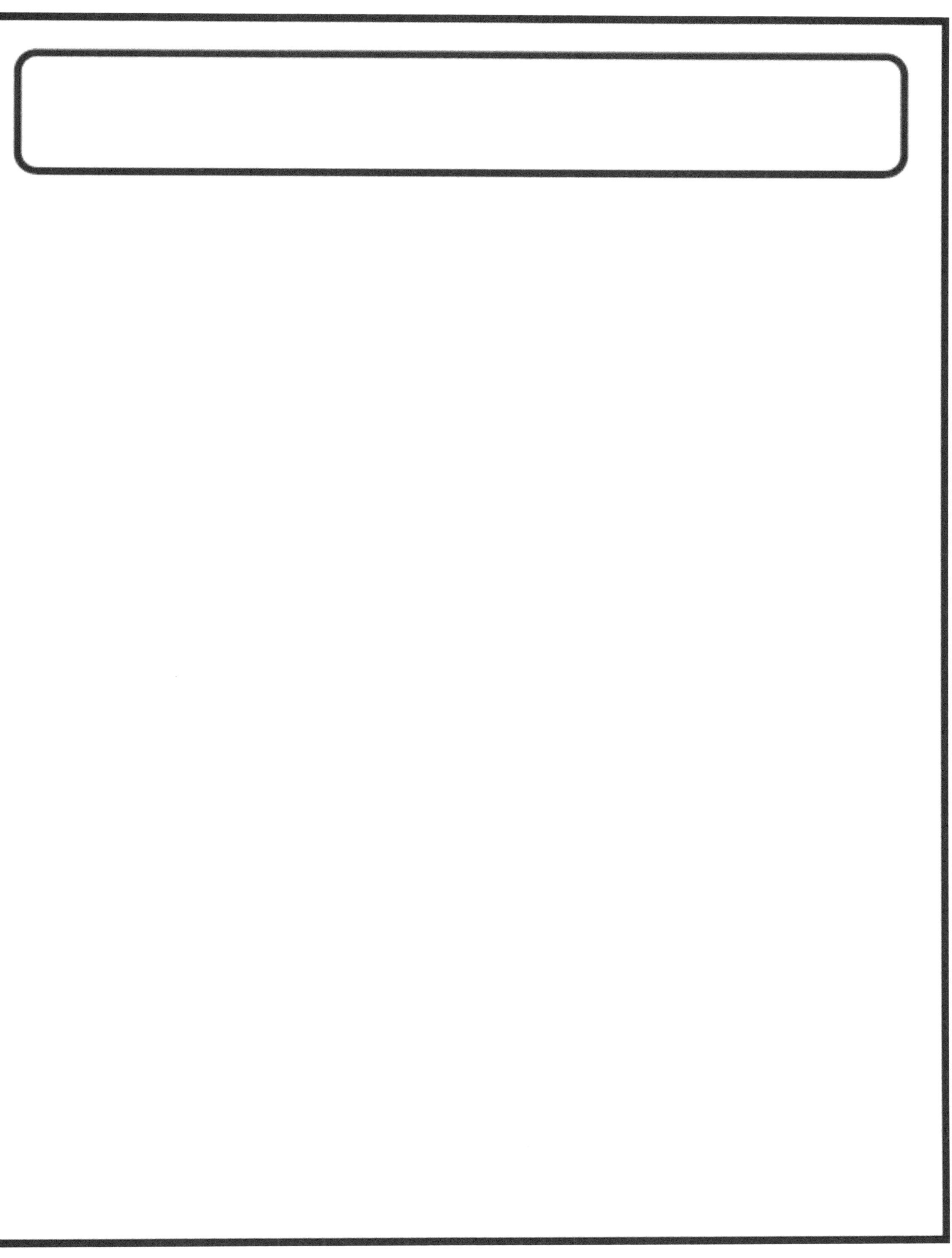

CRANIO LIBRO DA COLORARE

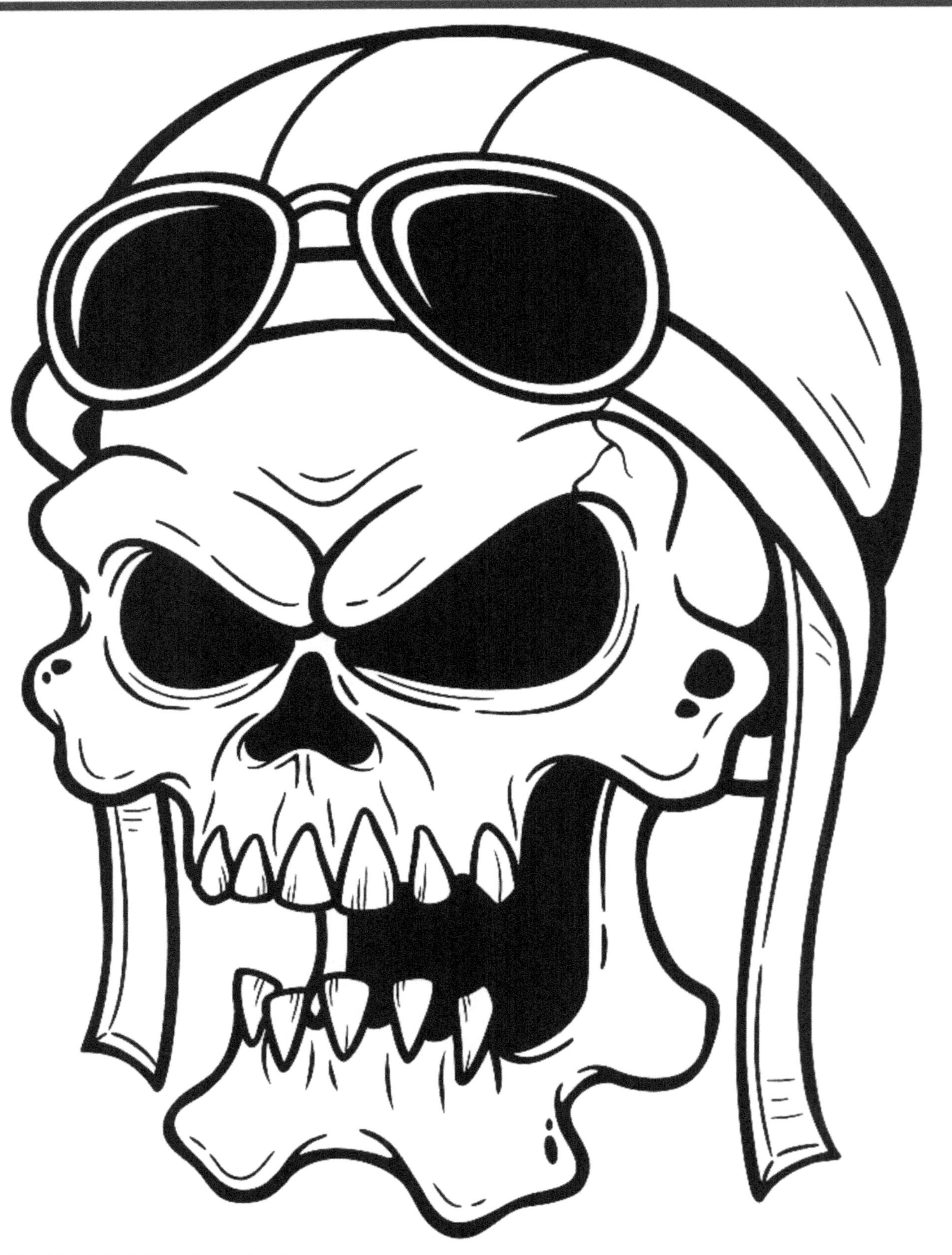

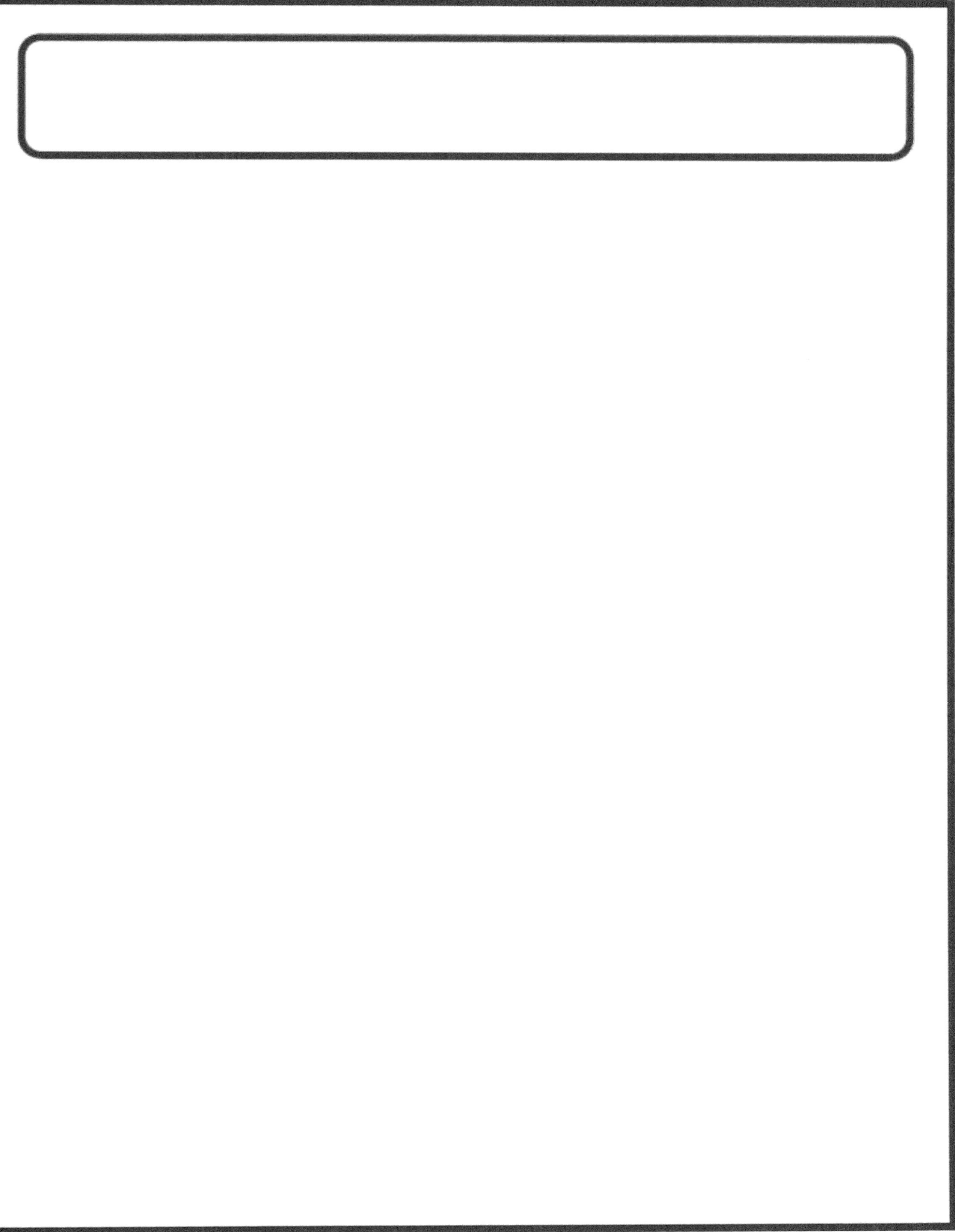

CRANIO LIBRO DA COLORARE

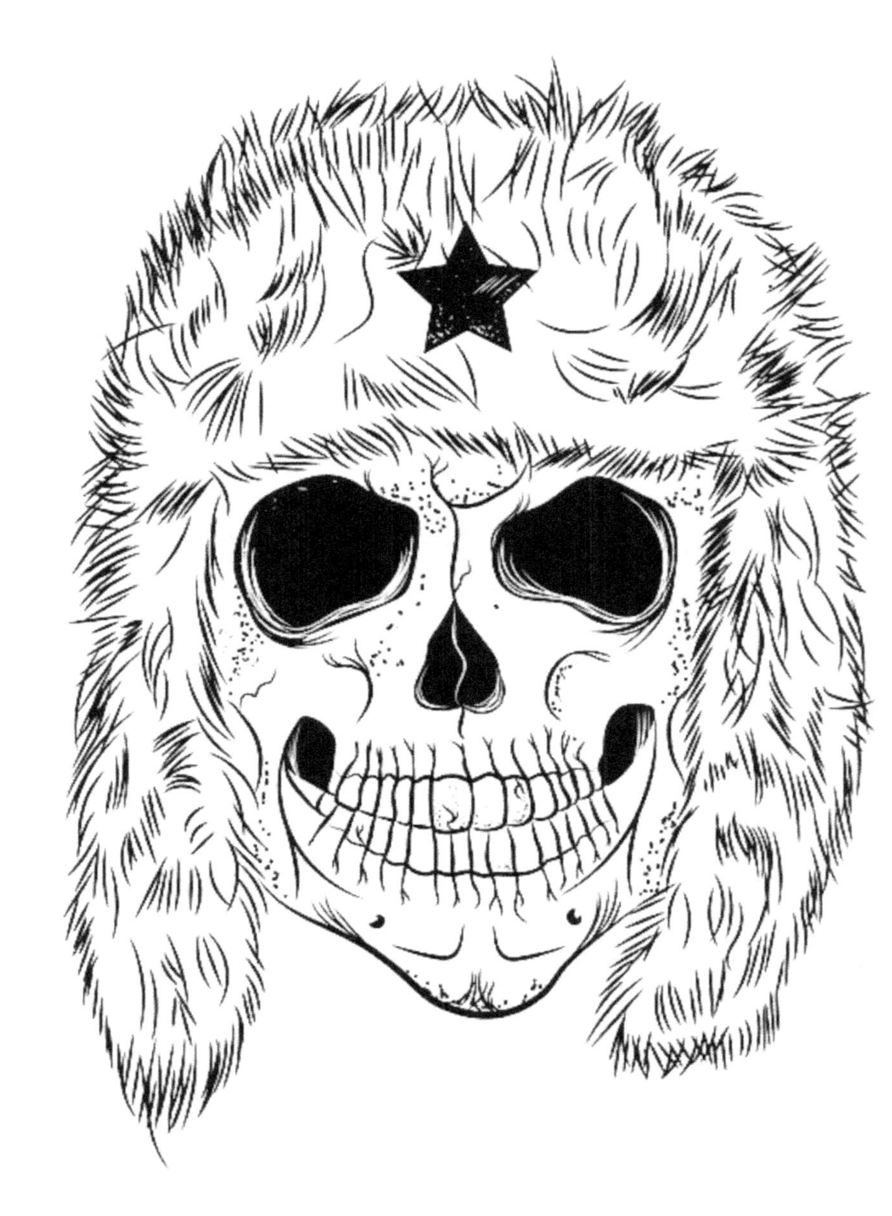

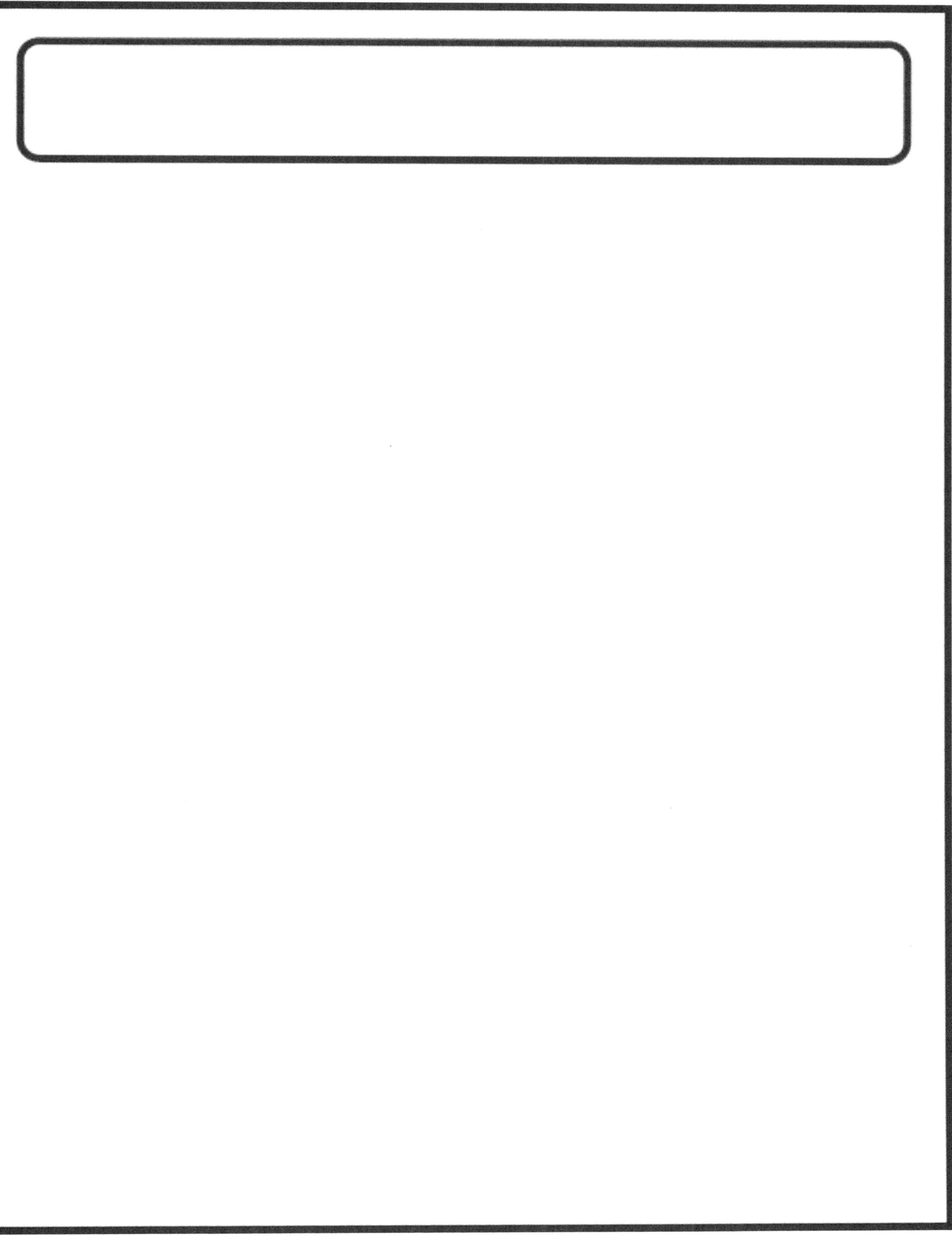

CRANIO LIBRO DA COLORARE

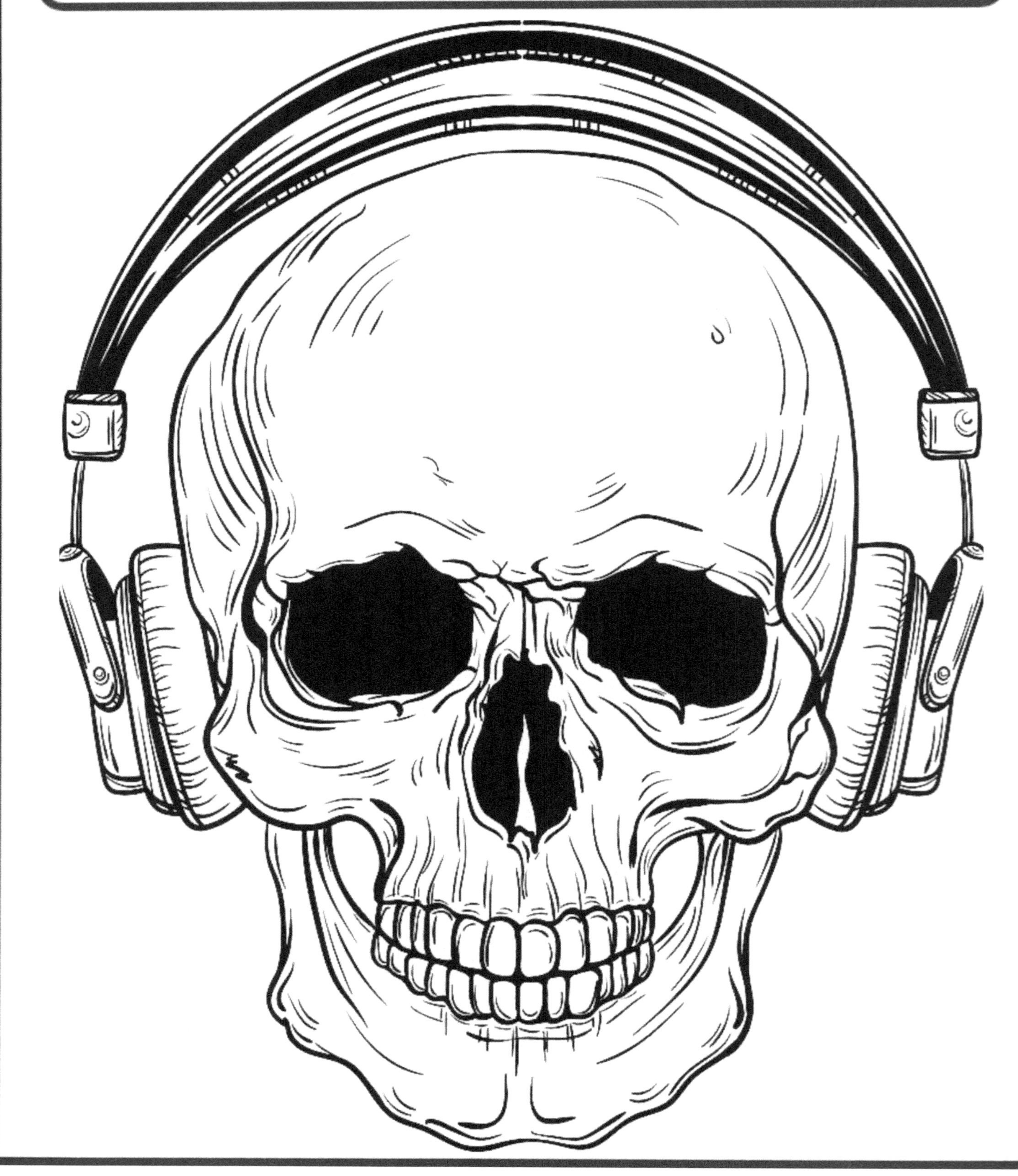

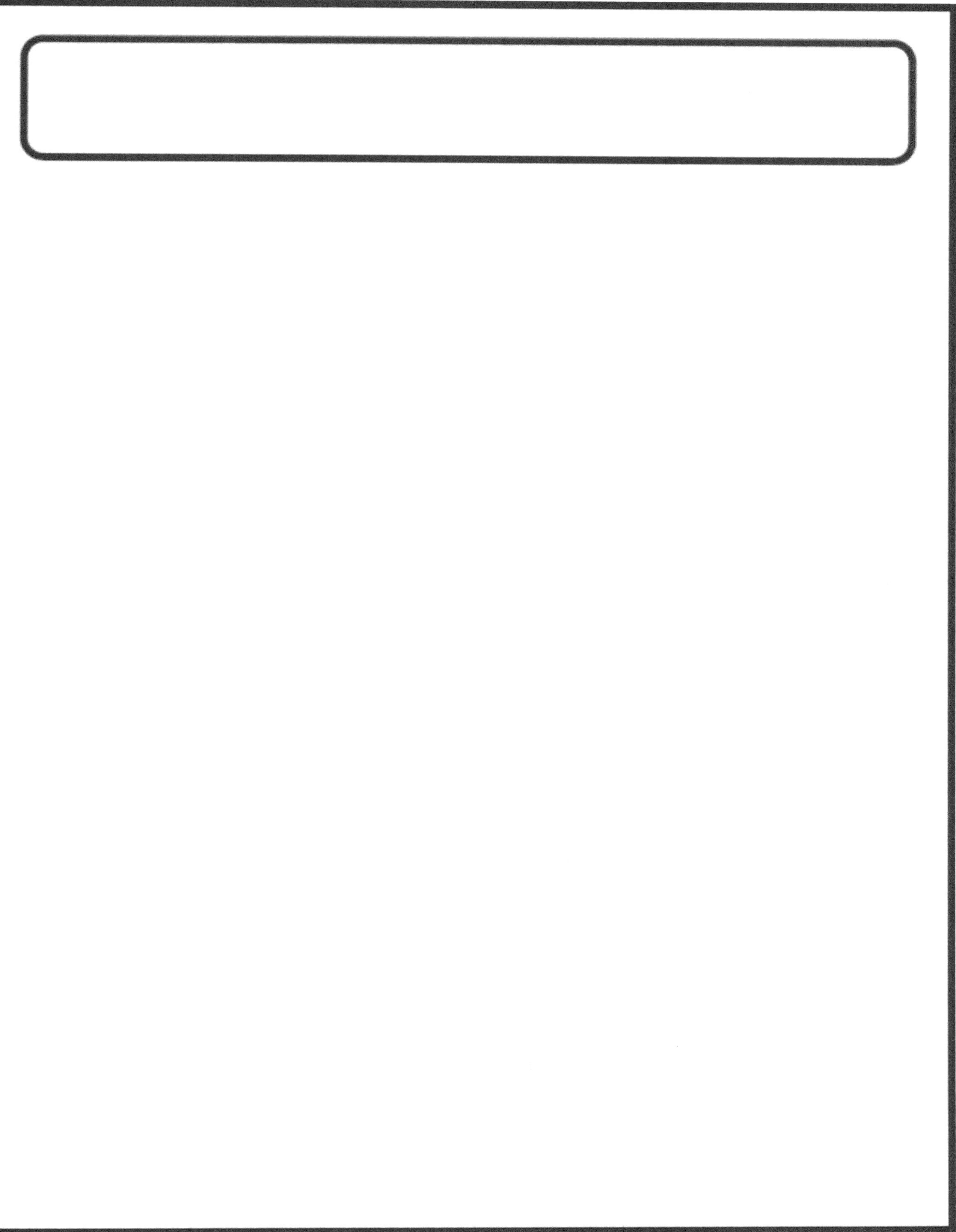

CRANIO LIBRO DA COLORARE

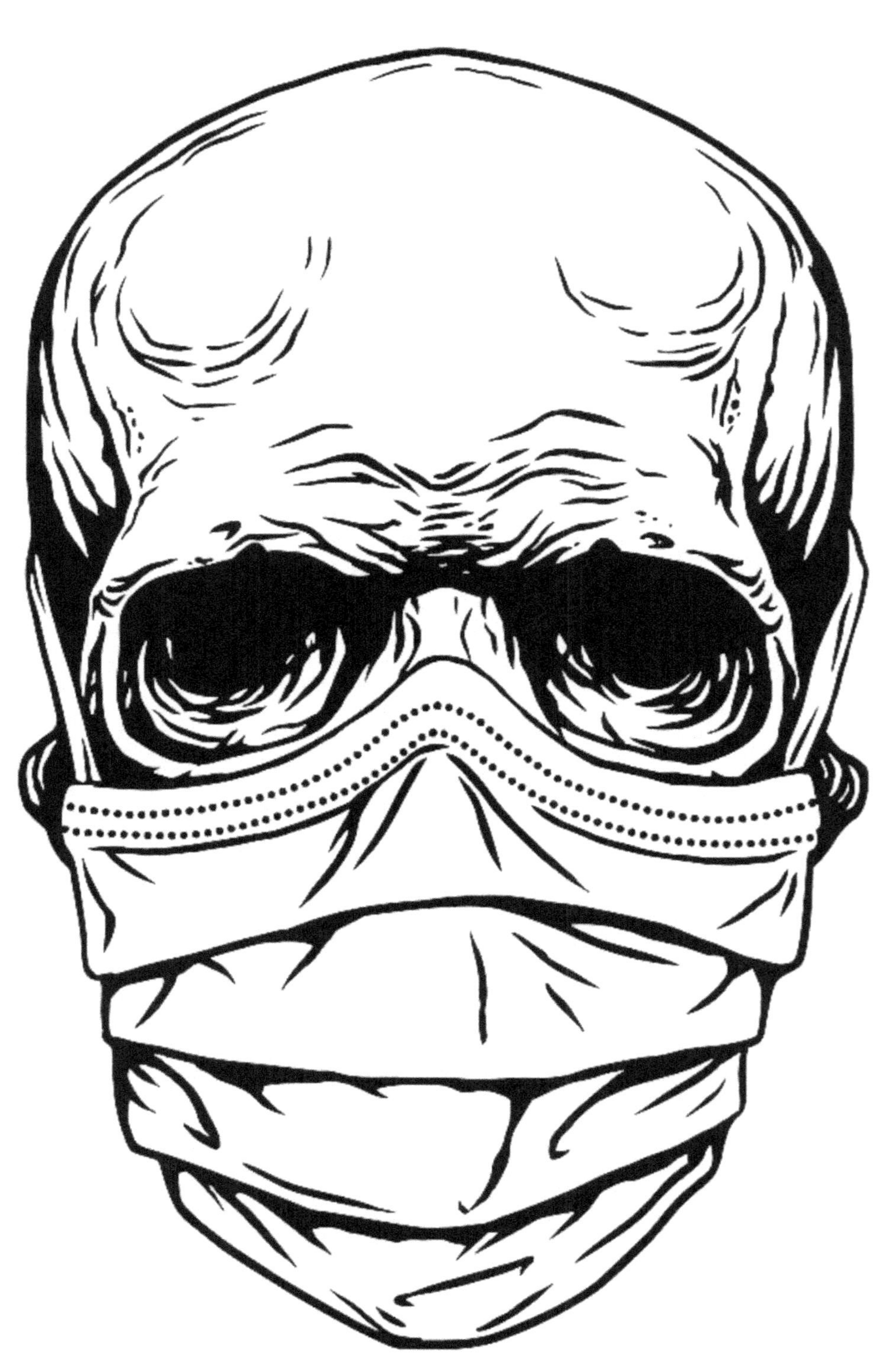

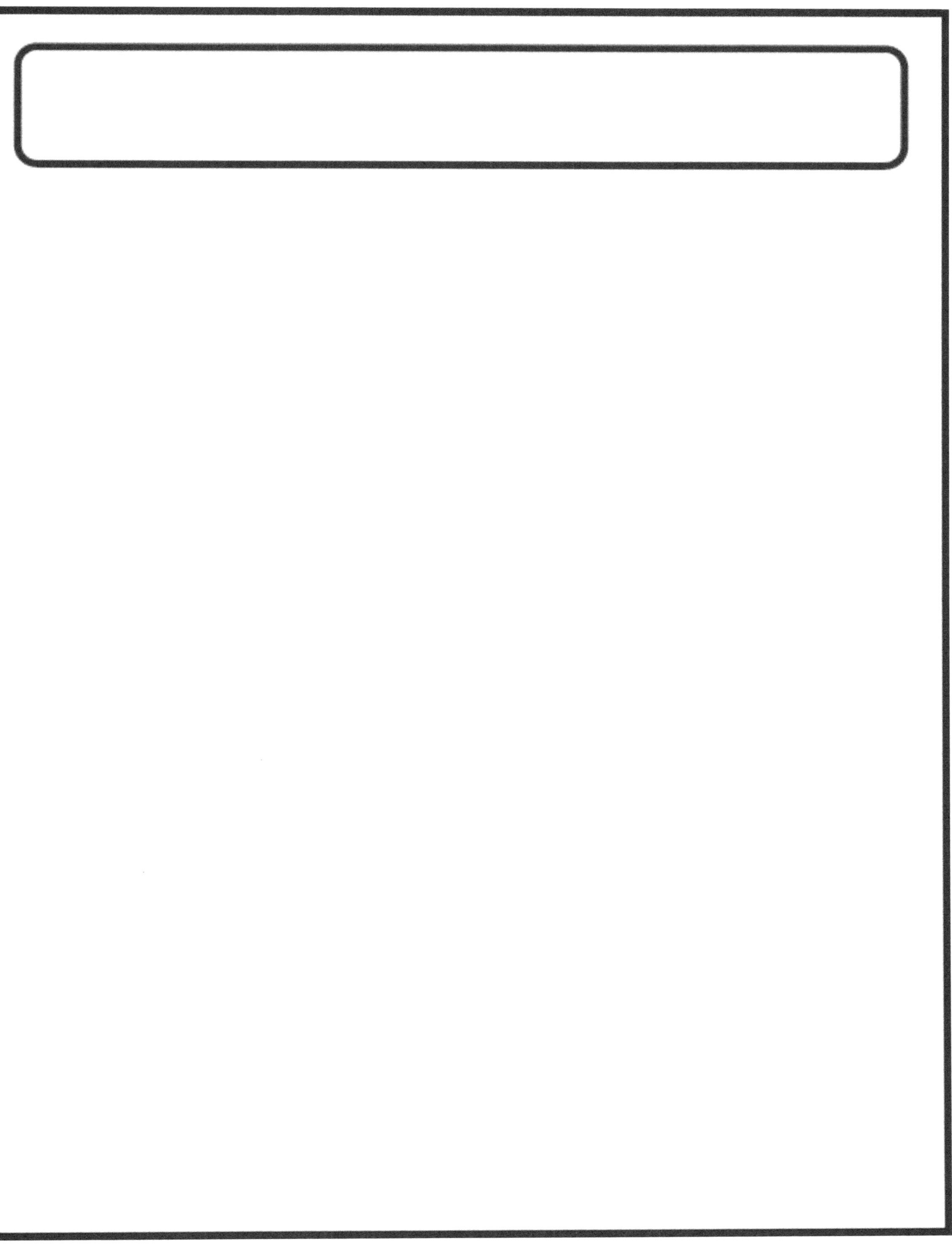

CRANIO LIBRO DA COLORARE

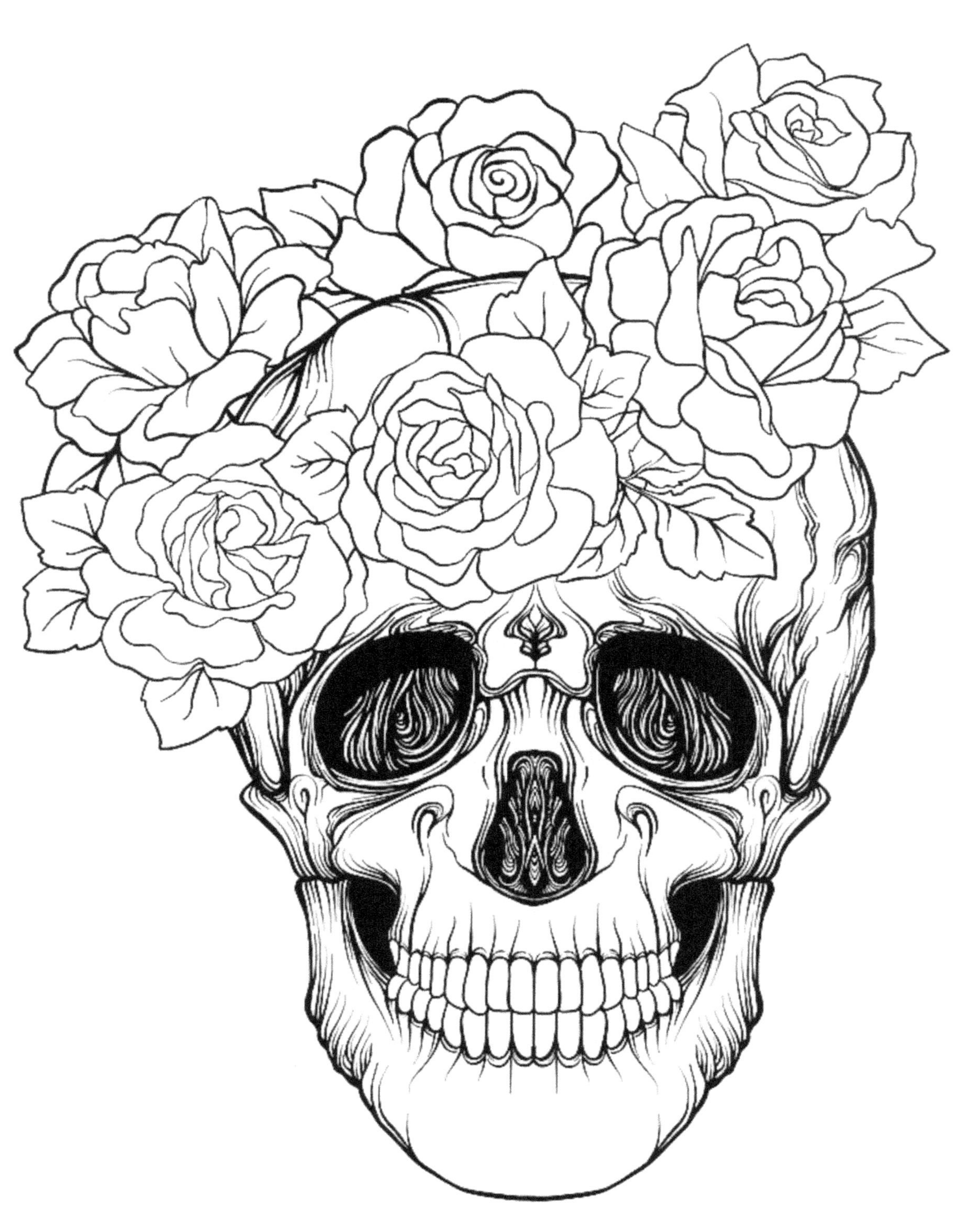

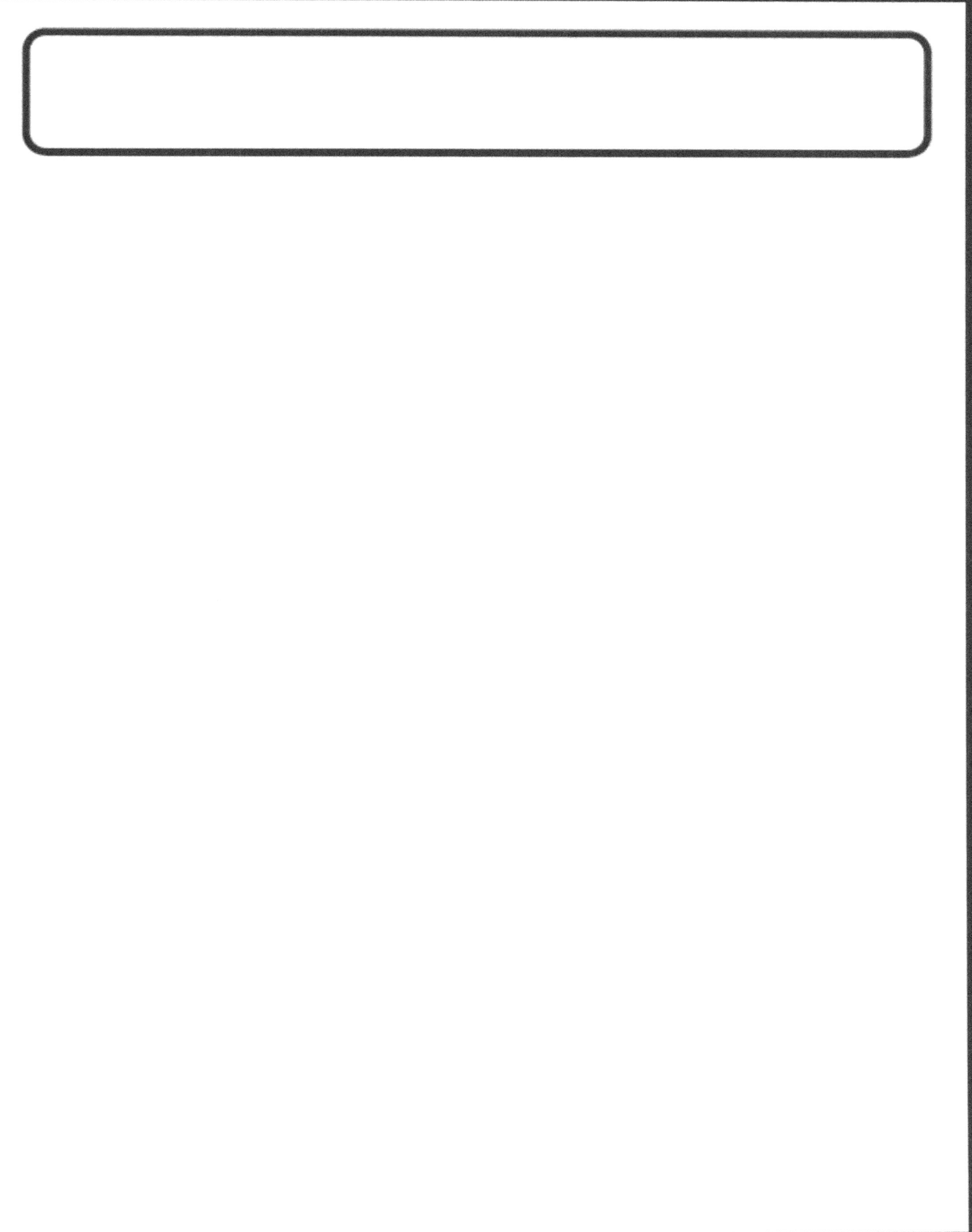

CRANIO LIBRO DA COLORARE

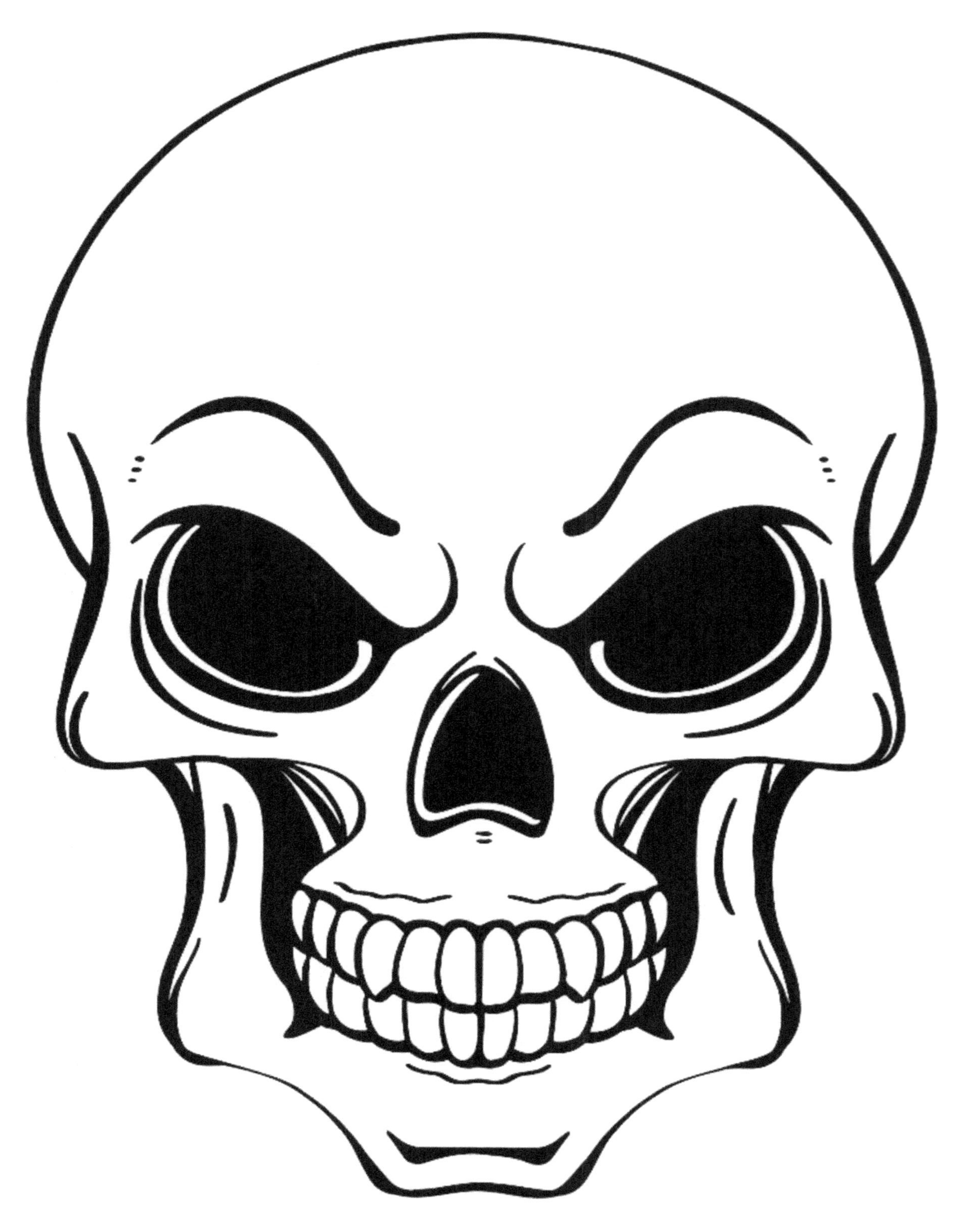

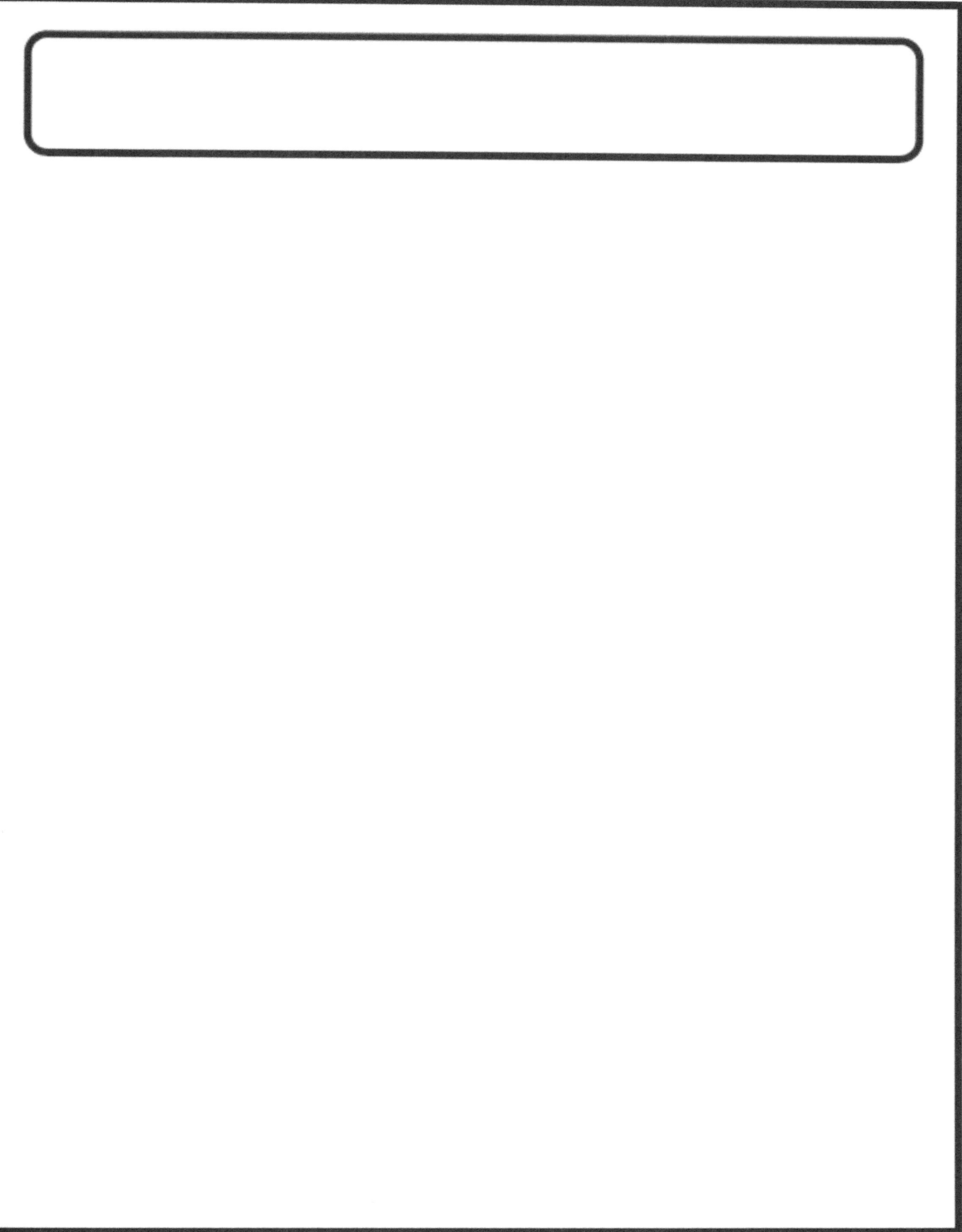

CRANIO LIBRO DA COLORARE

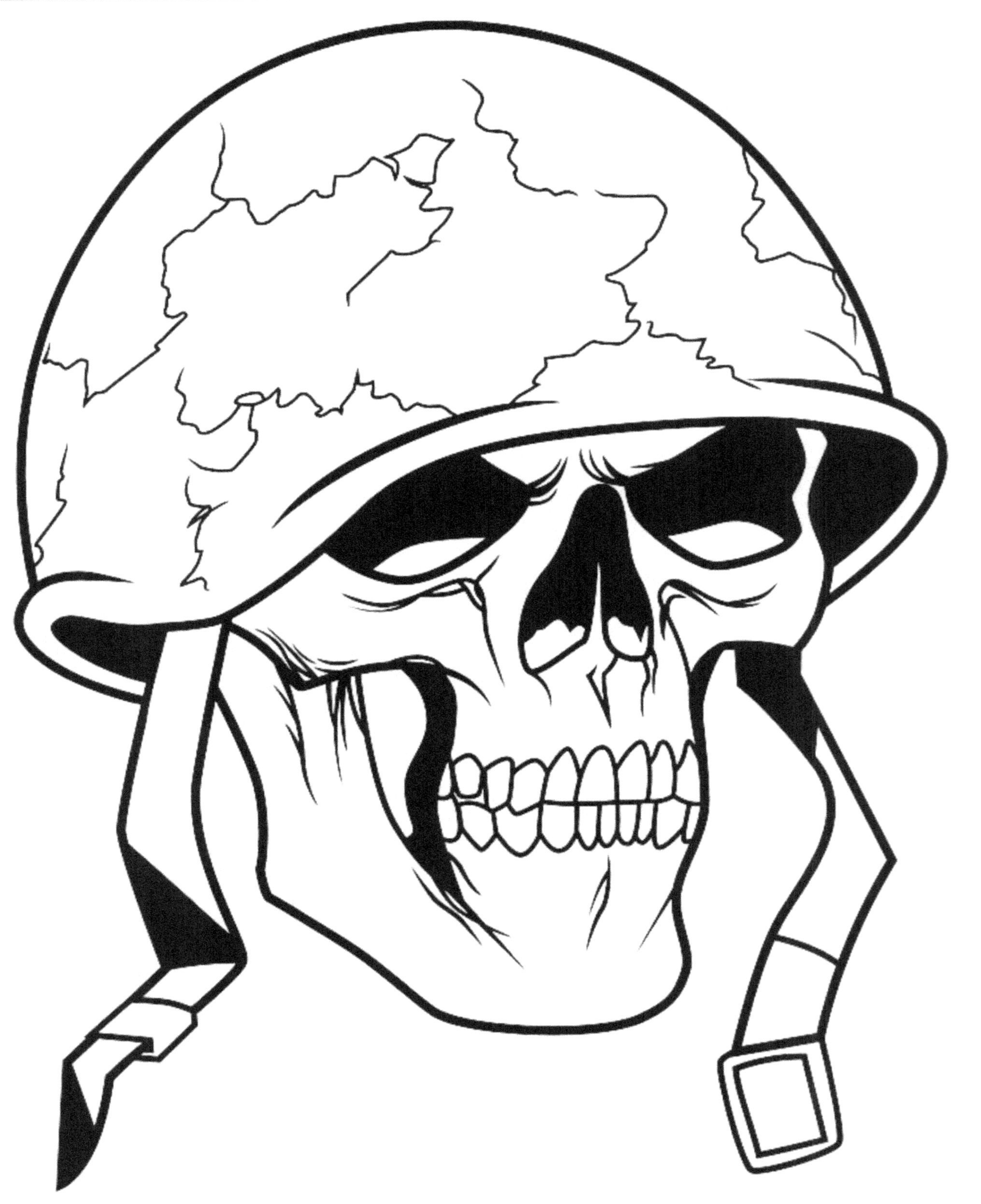

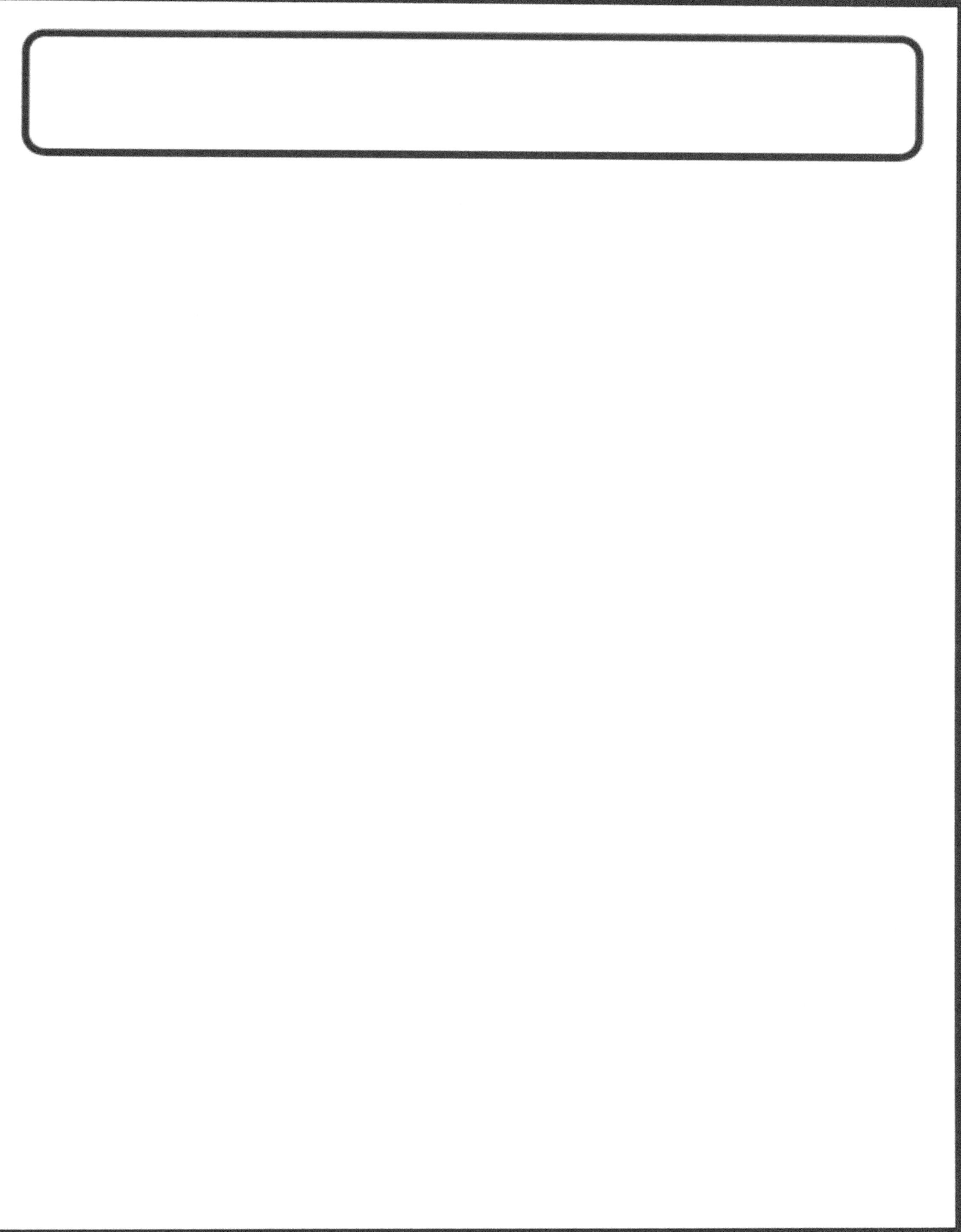

CRANIO LIBRO DA COLORARE

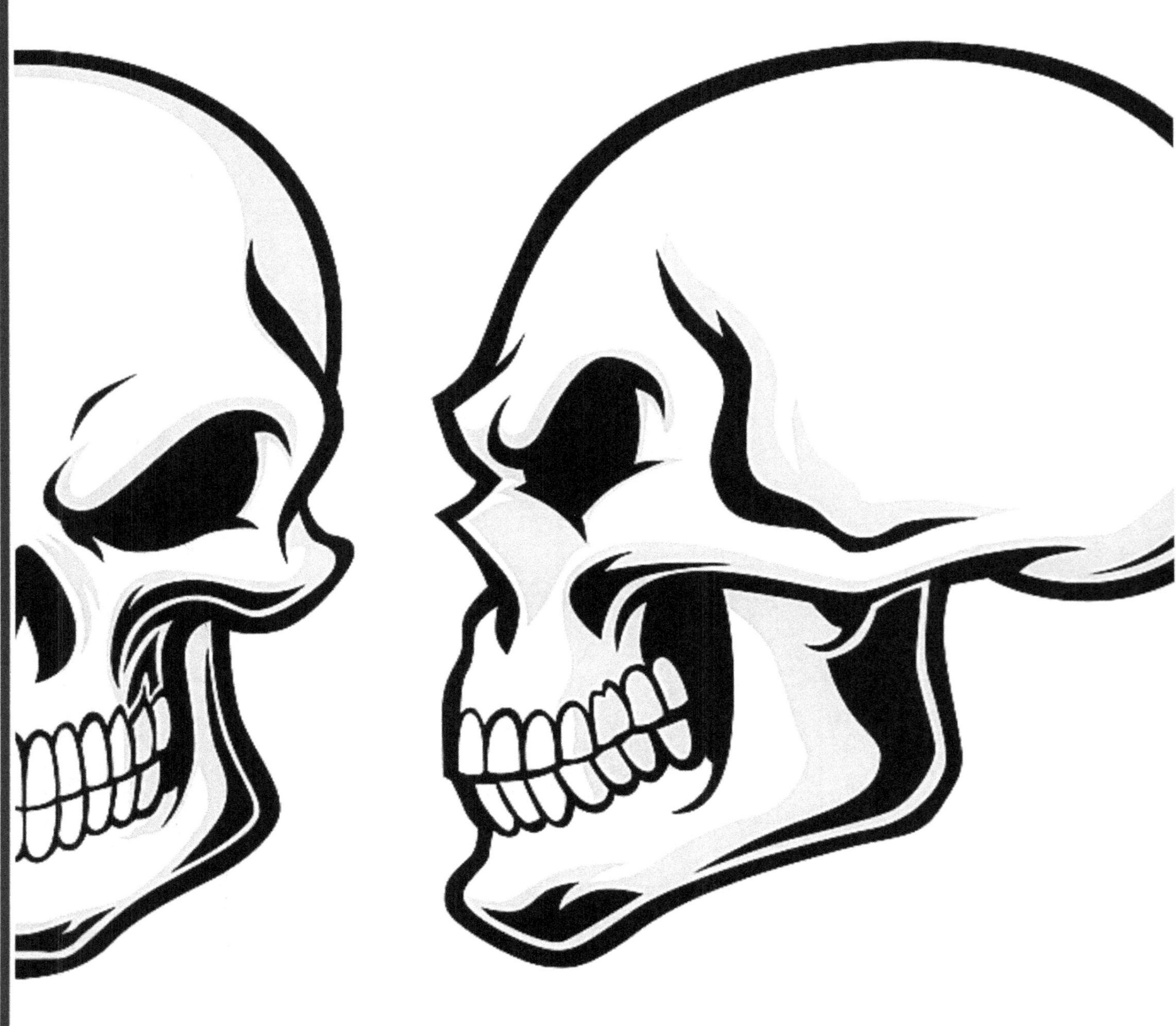

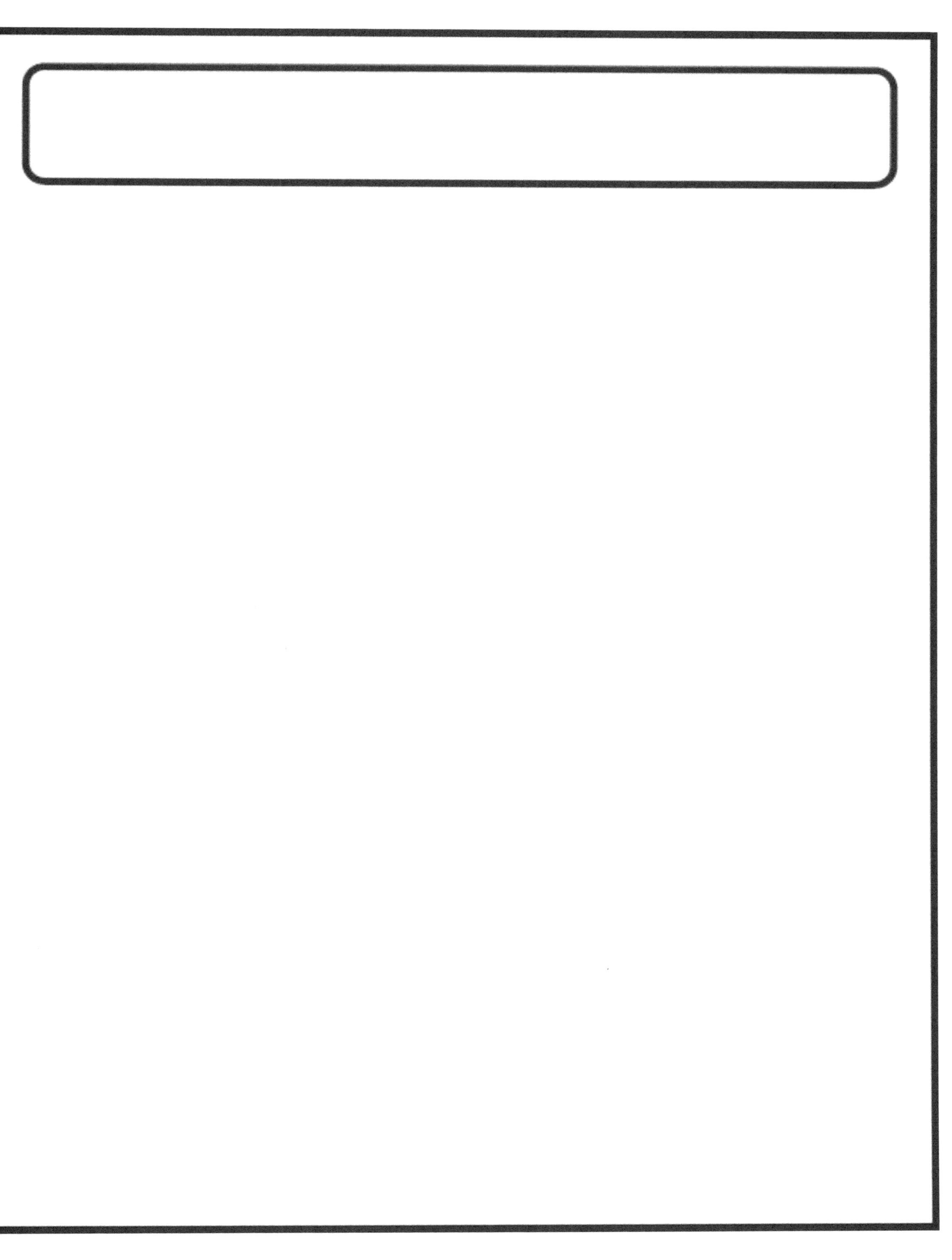

CRANIO LIBRO DA COLORARE

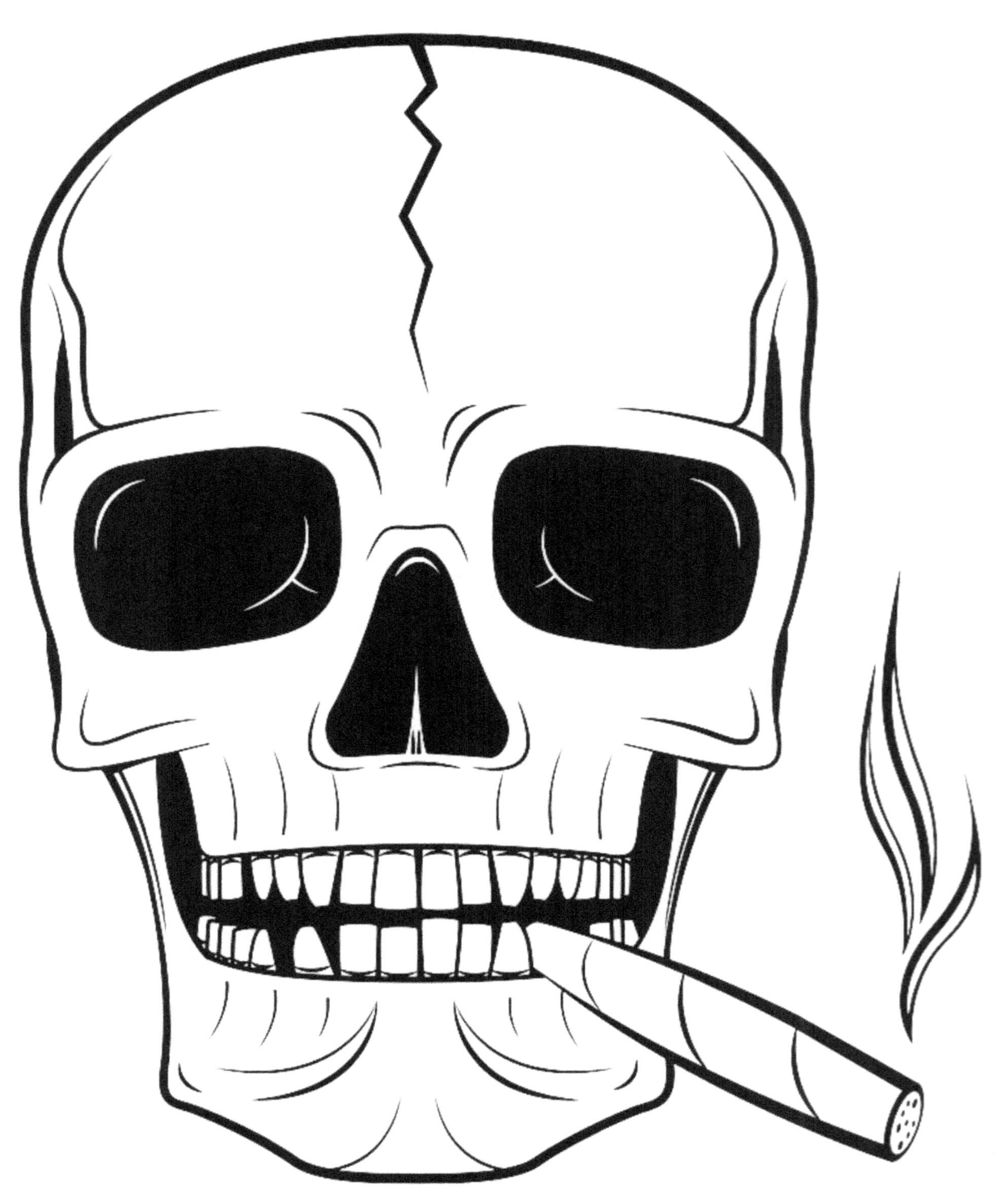

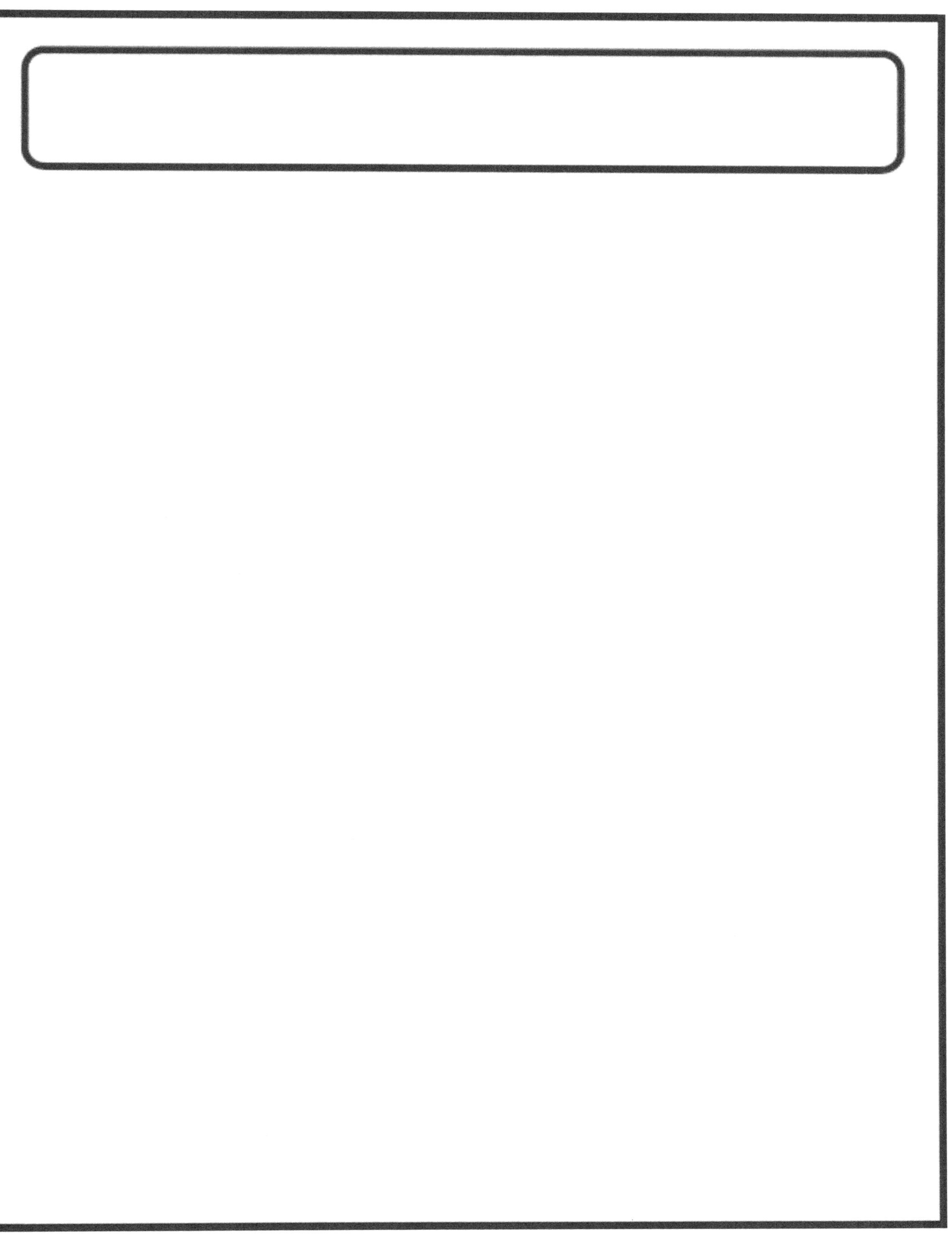

CRANIO LIBRO DA COLORARE

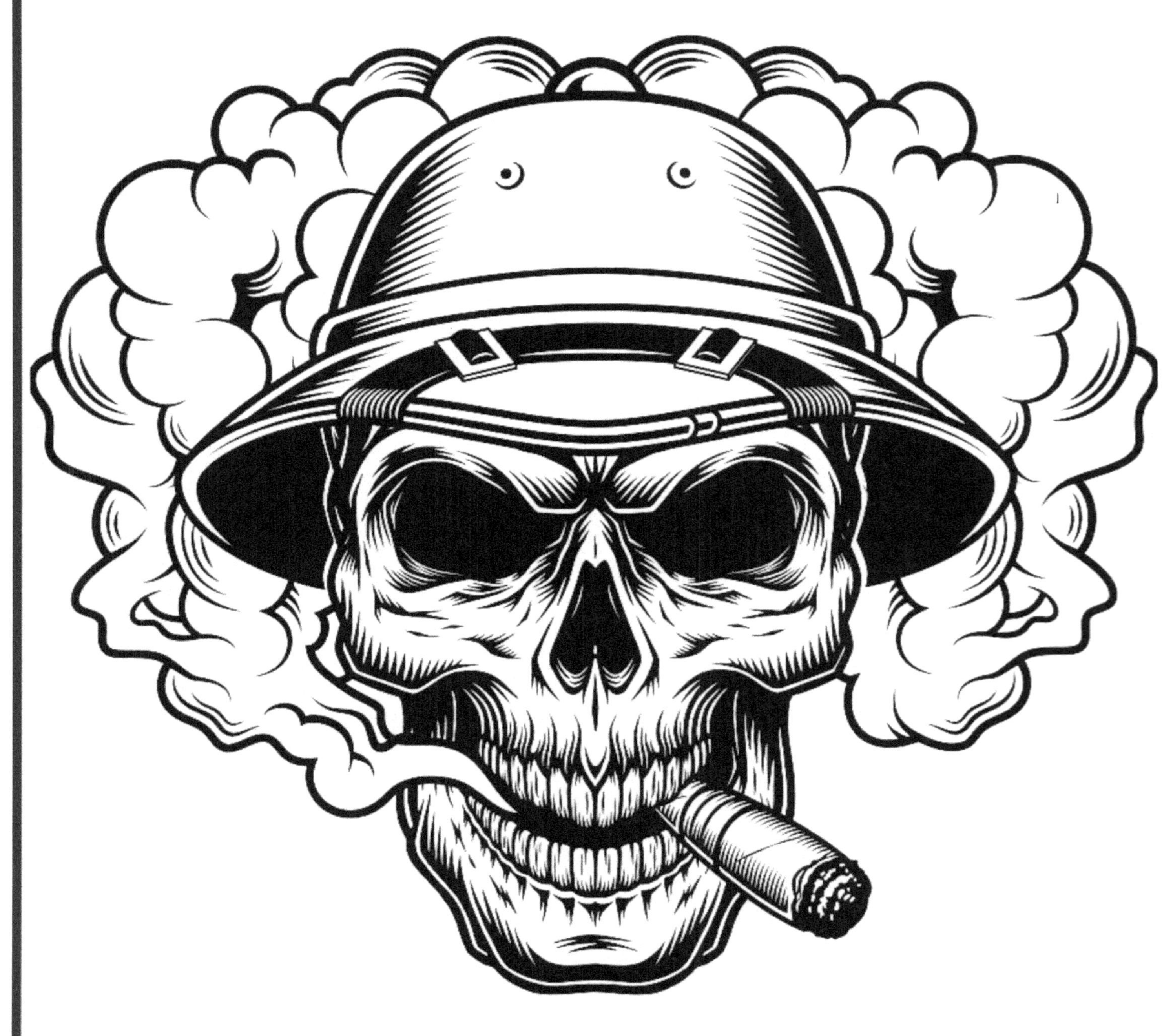

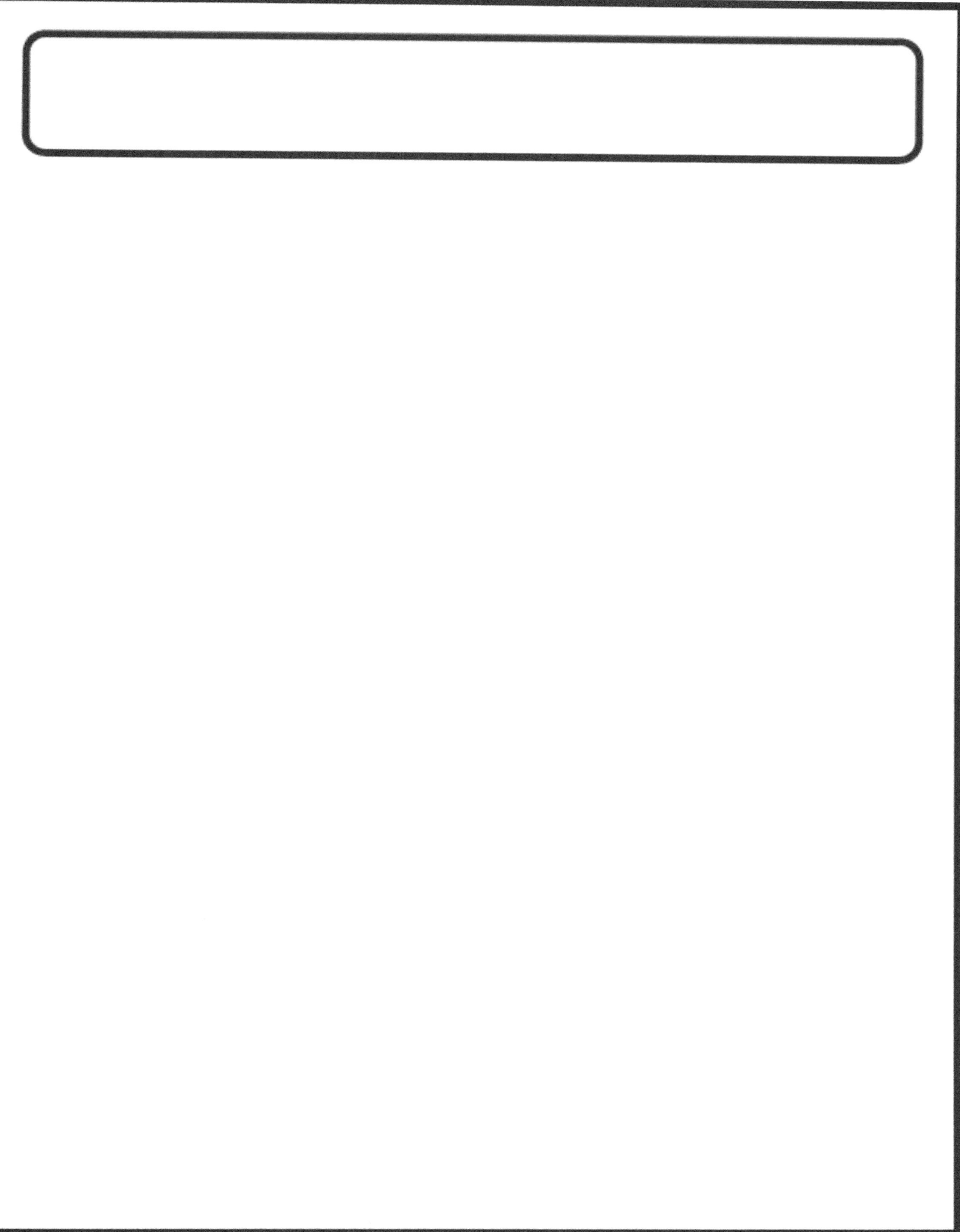

CRANIO LIBRO DA COLORARE

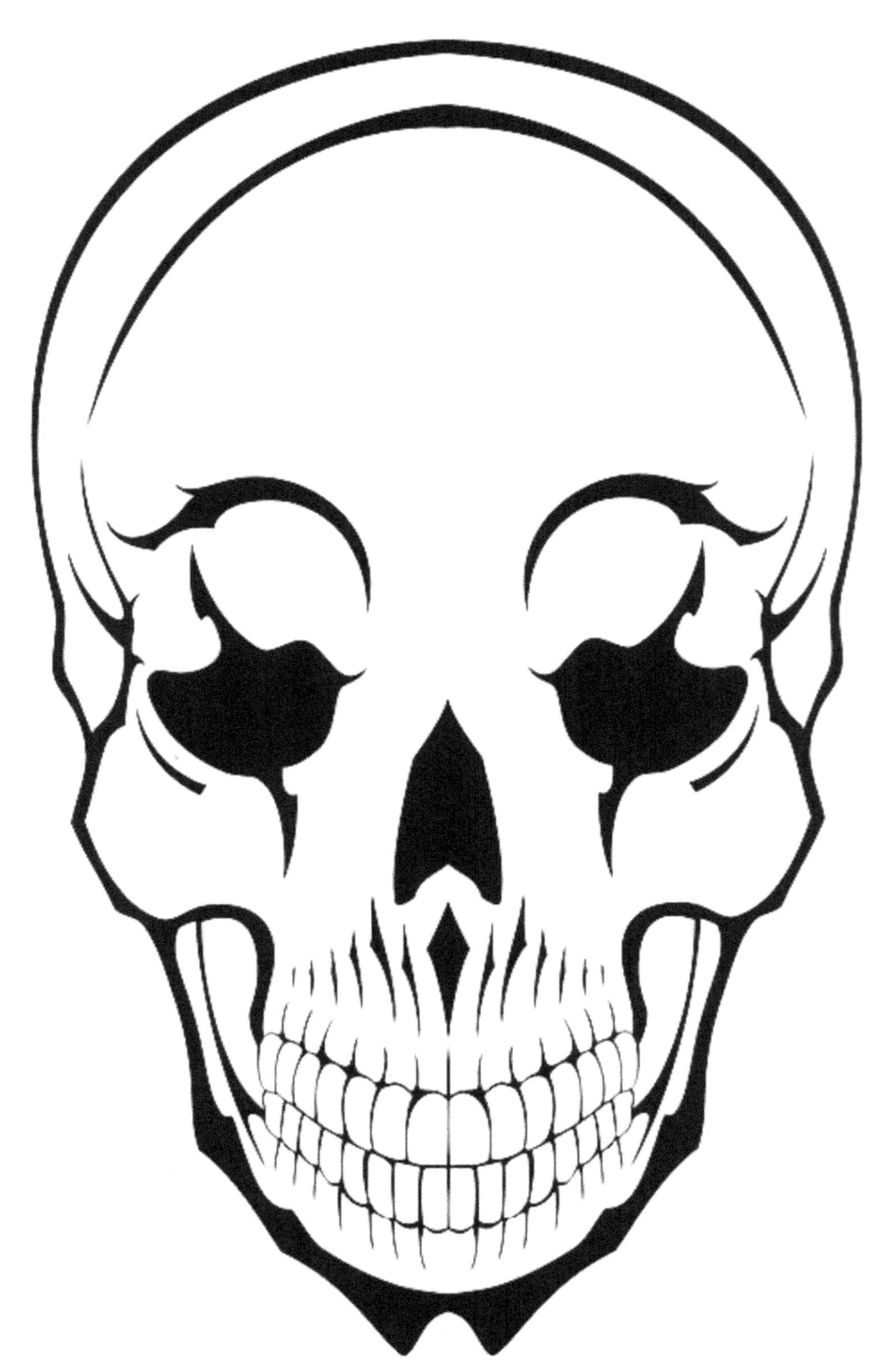

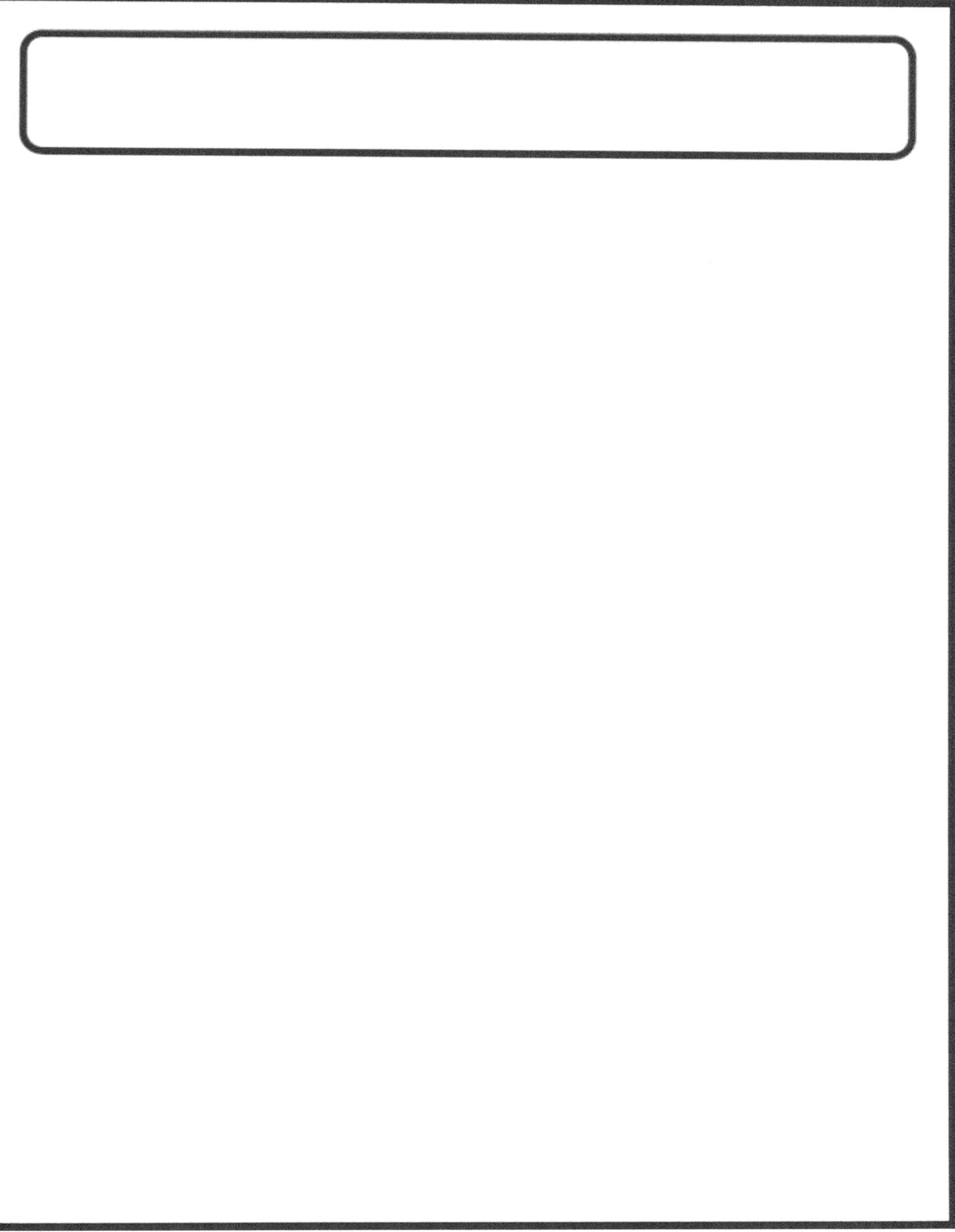

CRANIO LIBRO DA COLORARE

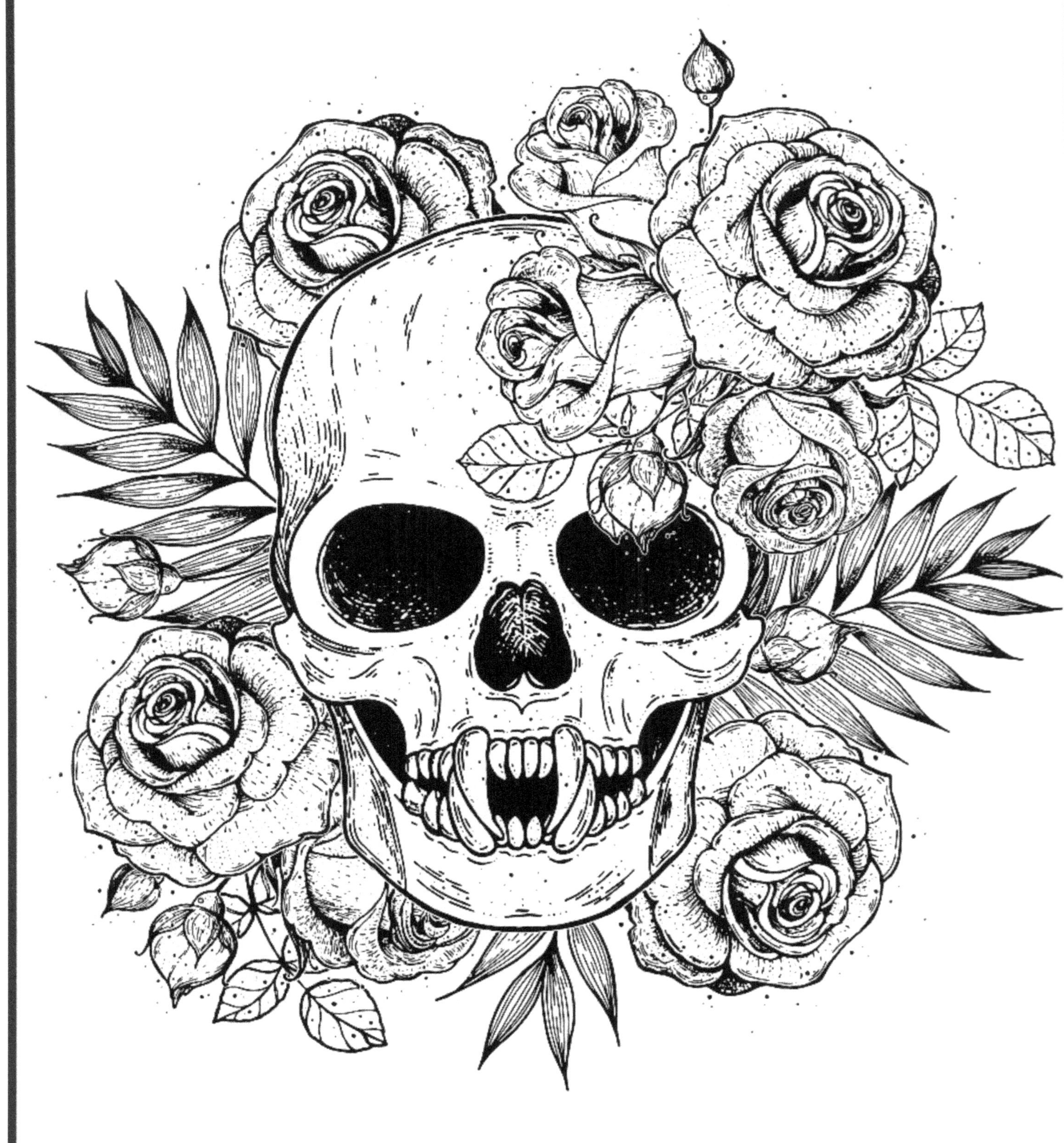

CRANIO LIBRO DA COLORARE

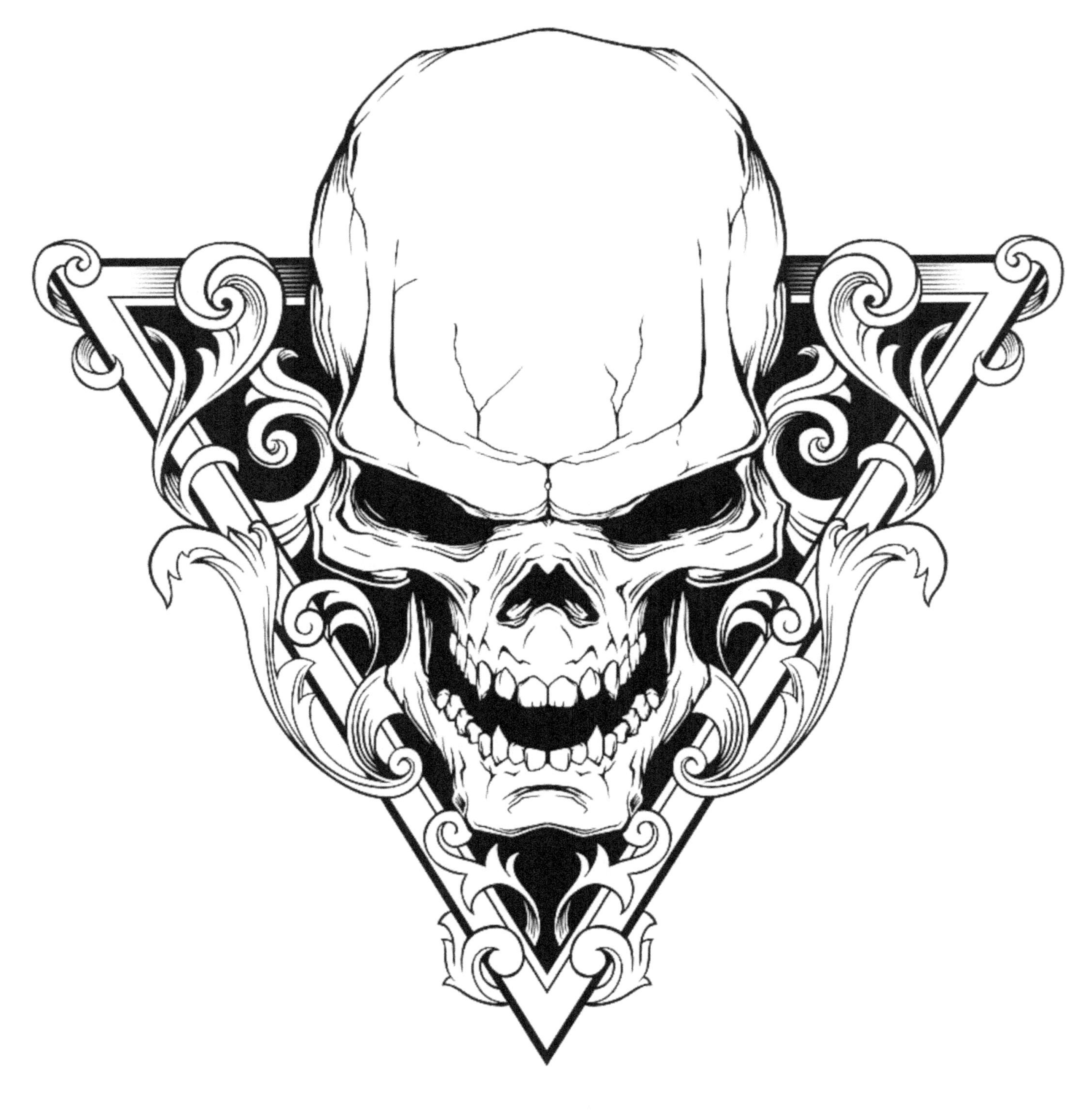

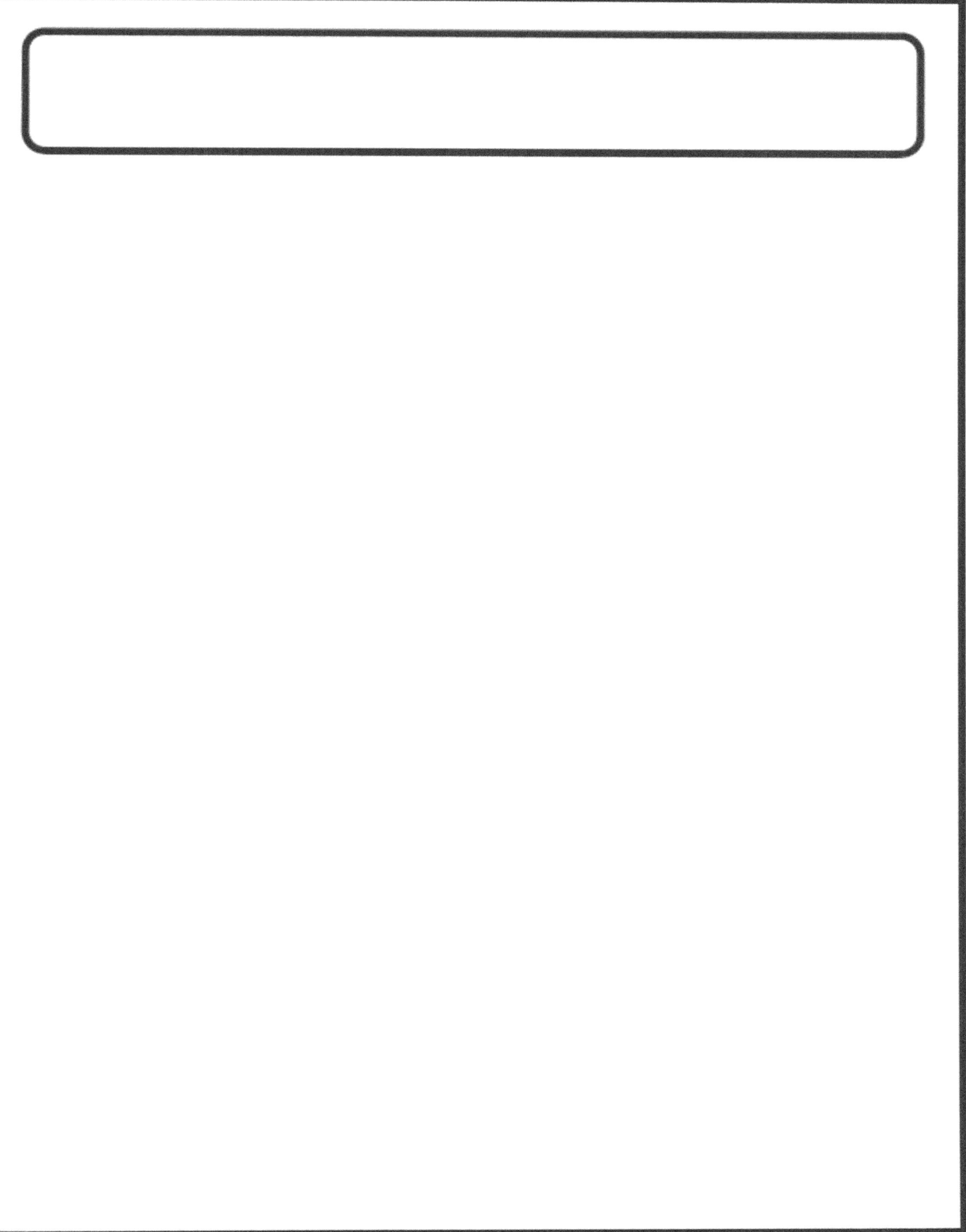

CRANIO LIBRO DA COLORARE

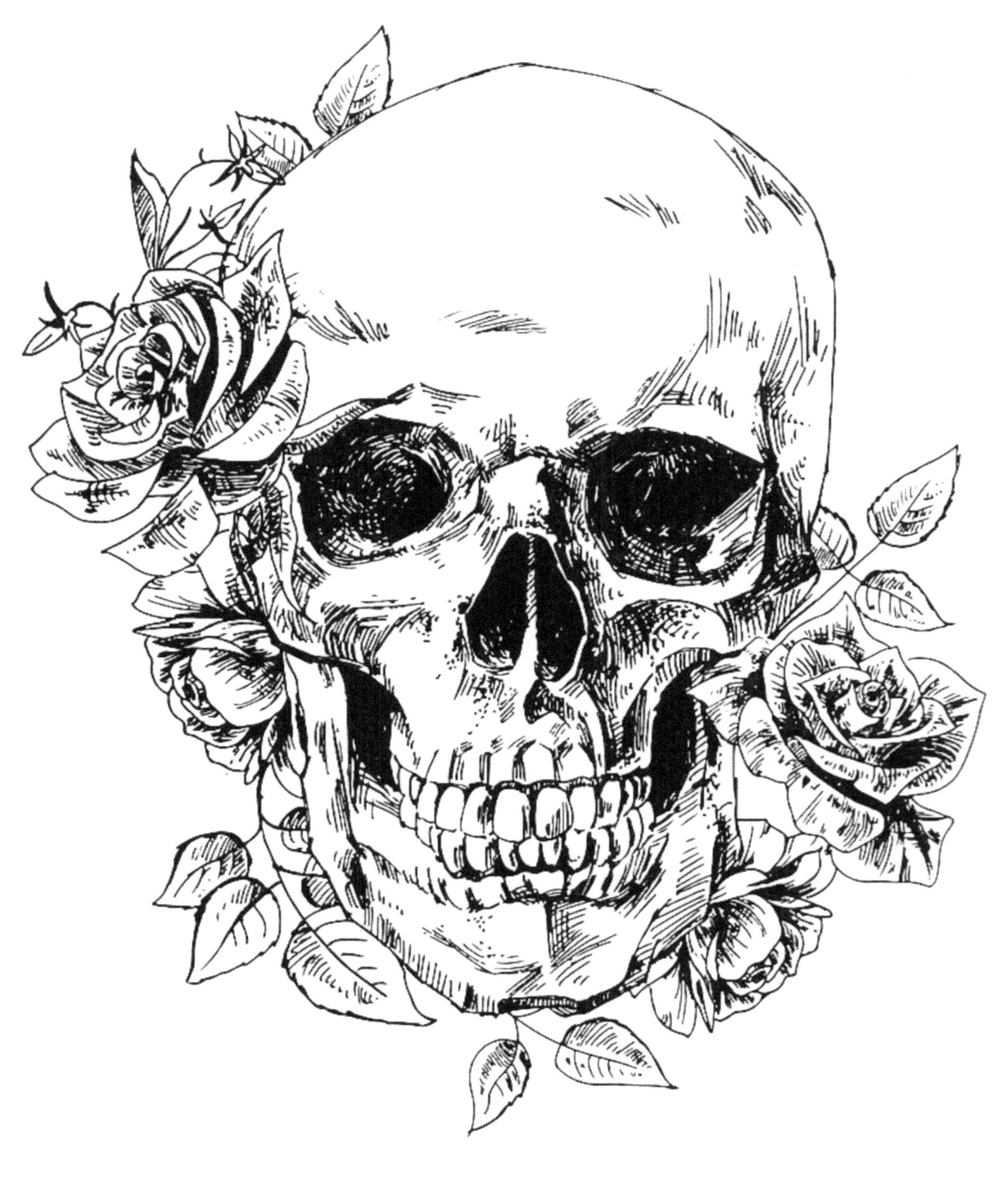

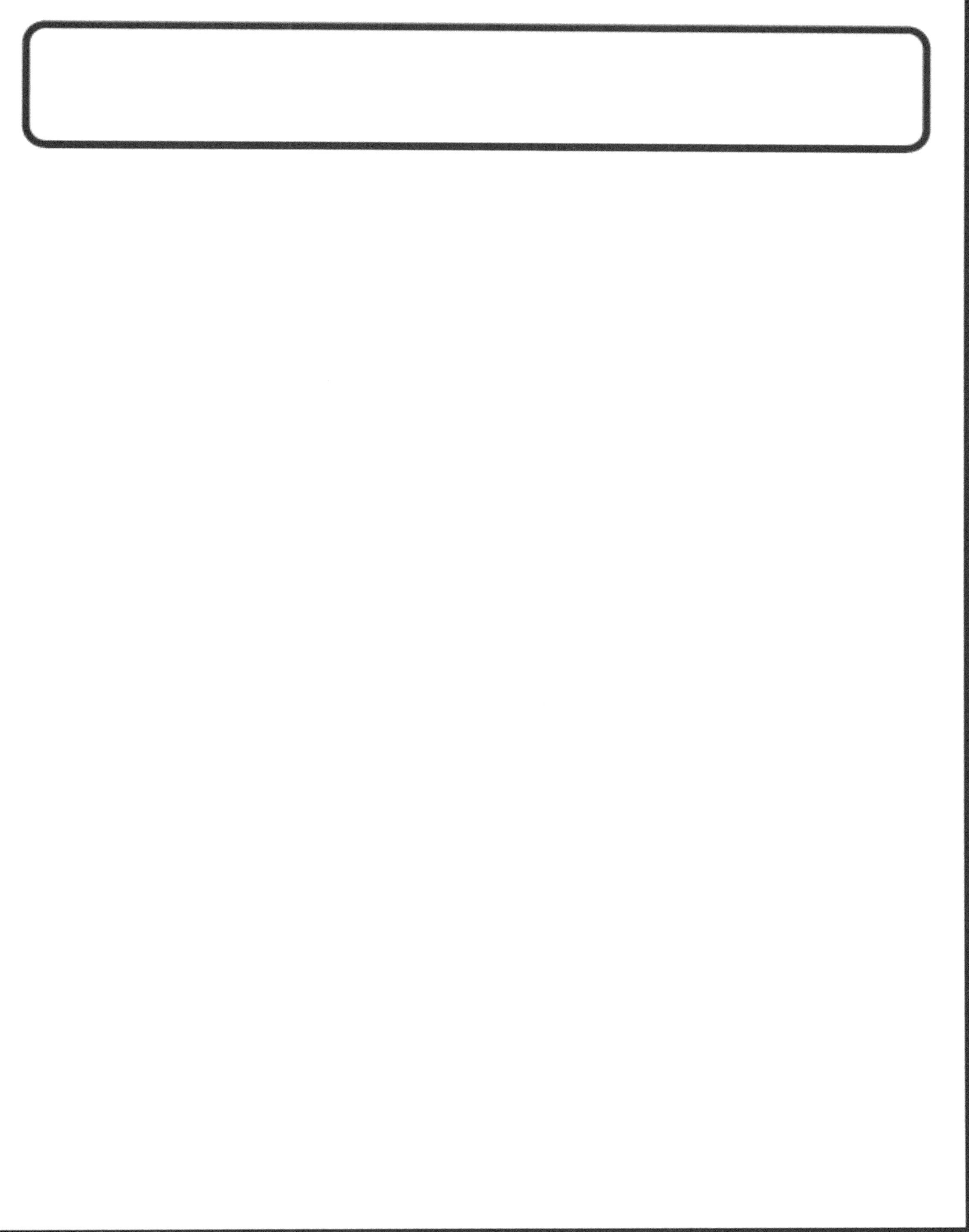

CRANIO LIBRO DA COLORARE

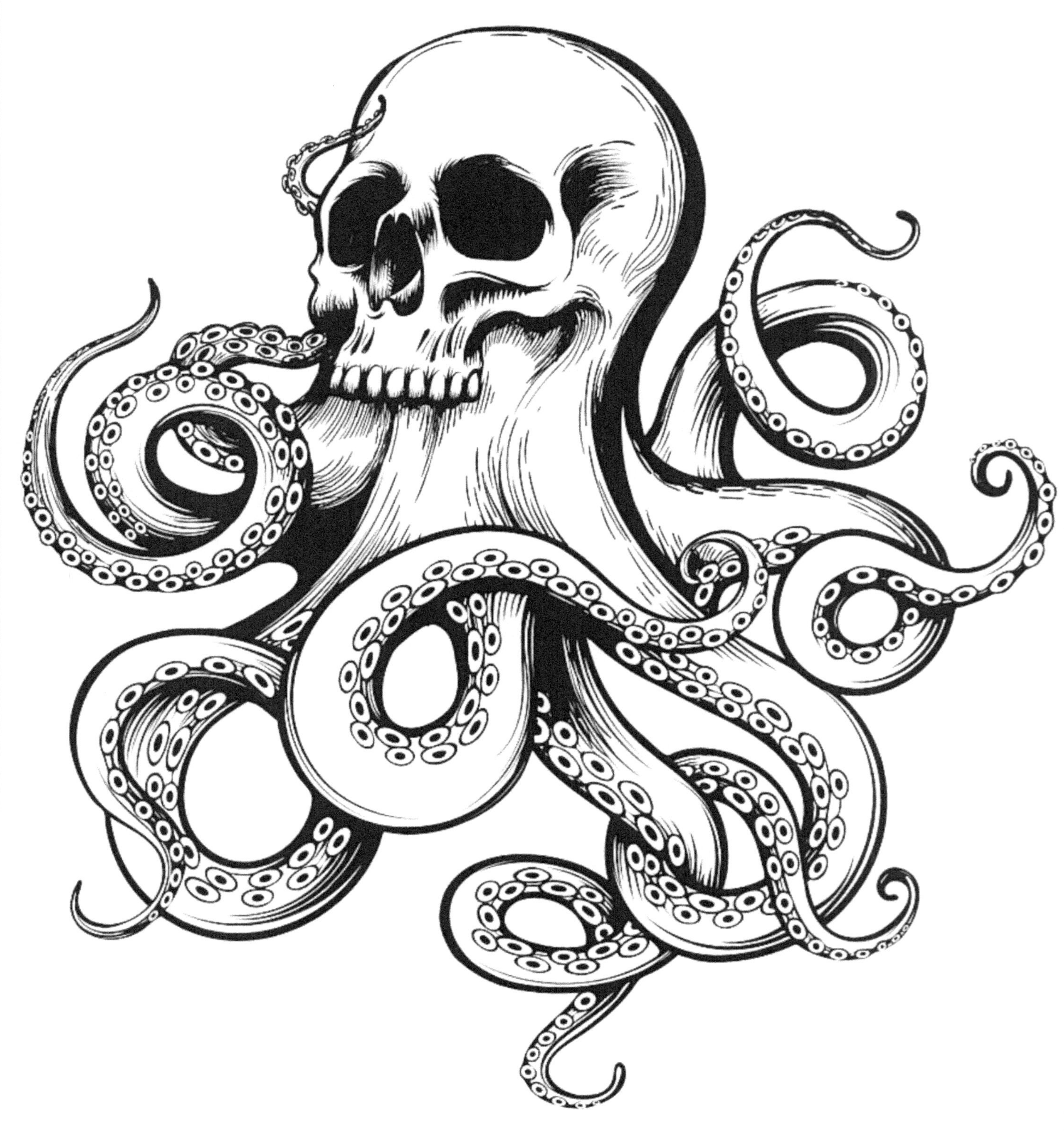